税理士

春香の民法講座

税法の中の「民法」を探る

新版

青山学院大学 学長
三木 義一 [監修]

税理士
鹿田 良美
出川 洋
丸田 隆英 [著]

清文社

監修のことば

　かつて同僚の民法の先生に、税法は毎年改正するのに、なぜ民法は不明確な規定をちゃんと改正して、わかりやすくしないのだ、と質問をしました。すると、その先生曰く、「民法は、基幹的な法律だから、改正すると関連法規の多くが影響を受けるので、税法みたいにチャラチャラ改正できないのである」。ところが、この民法の債権法の部分が遂に改正されることになりました。条文のほころびが著しく、これまでの実務や判例等を条文に明文化しておかないと、円滑に運用できなくなったからです。

　そうすると、税法もいろいろな影響を受けそうですので、税理士・春香さんにも登場いただき、改正点を検討してもらった方が良いのではないかと考えました。ただし、今回の民法改正により、税理士業務の何が、どのように、どの程度変わるのか、まだまだよくわからないのです。それでも、今回の民法改正で、税法上も考えねばいけない課題のうち、初版で取り上げた問題を中心に、改正点の内容等を紹介しておいた方が良いと思いました。税理士の先生方の多くは、日々の業務の中で、税法の判例を見ることはあっても、民法の判例や条文を見ることはあまりないと推測したからです。　改正により、従来の判例や実務解釈が条文に盛り込まれたのだとしても、条文の変化に戸惑い、税務との関係に不安を覚える方々も少なくない、と思います。その意味で、税理士の方々が本書を手にとって、約120年ぶりに改正された民法の一端を垣間見て、税務に役立てていただけたら、とてもうれしく思います。

平成31（2019）年1月

青山学院大学学長

三木　義一

改訂版の発刊にあたって

初版を発行してから、早いもので4年が経ちます。法務大臣から法制審議会に対して、民法（債権法関係）改正についての諮問がなされたのが、平成21（2009）年10月28日、法制審議会民法（債権関係）部会の中間試案が決定されたのが平成25（2013）年2月26日でした。初版では、中間試案についても若干触れましたが、実際に改正に至るのはまだまだ先ではないか、と高を括っていたこともあり、改正の動向にもさほど目配りをしておりませんでした。

平成29（2017）年5月26日、「民法の一部を改正する法律（平成29年法律第44号）」が成立し、同年6月2日公布、平成29（2017）年12月20日、一部の規定を除き、平成32（2020）年4月1日から施行されることが決まりました。このたびの民法改正は、明治29（1896）年制定から約120年ぶりとのことです。法務省の説明によりますと、「今回の改正は、民法のうち債権関係の規定について、取引社会を支える最も基本的な法的基礎である契約に関する規定を中心に、社会・経済の変化への対応を図るための見直しを行うとともに、民法を国民一般に分かりやすいものとする観点から実務で通用している基本的なルールを適切に明文化することとしたもの」だということです。毎年改正される税法とは異なるだけに、新しい民法を、税理士が知らぬ顔でやり過ごすわけにもいかないだろうと思いました。

税務に関する具体的な事例の中にある民法のルールを考える、という当初のスタンスを変更することなく、本書では、初版でとりあげた「税法のなかの民法」について、改正された点、改正されなかった点を明らかにするとともに、表現方法も若干手直しいたしました。とはいうものの、初版で取り上げた事例のいくつか、とりわけ物権に関する事例を削除いたしました。もとより、民法のすべての改正点について、税理士向けに、網羅的に解説するものではありませんので、本

書でとりあげなかった改正点については、別途、確認をしていただきたいと思います。

　初版を読んでいただいた方にも読んでいただいていない方にも、新しい民法に興味をもっていただけましたら幸いでございます。

　本書の執筆・完成につきましては、清文社企画室の方々に大変お世話になりました。心より御礼を申し上げます。

平成31（2019）年1月

執筆者を代表して

税理士　鹿田　良美

はしがき

　「出版社さんから"税理士のための民法講座"のようなものについて、執筆者の推薦依頼を受けた。そろそろ君たちの出番かな」

　恩師である三木義一先生から声をかけていただき、立命館大学法学部・大学院法学研究科で同窓の鹿田良美税理士とともに、「おもしろそうだからやりましょう」と取り組みだしたのが、いま皆さんが手に取っておられる本書です。

　本書の作業は、当初、鹿田税理士とほかの執筆メンバーを探すことから始めました。偶然にも、近畿税理士会葛城支部の会員で友人でもある丸田隆英税理士が、鹿田税理士の大阪国税局勤務時代の同僚であり、加えて民法物権編と資産税に造詣が深かったことから、執筆者の一員に加わっていただきました。そして、この3人で「税理士向けの民法の本とはどういったものなのか」というところから考え始めました。方針として、

- 民法の条文をきちっと紹介して、民法の通説に即して解説すること
- 税金問題にかかわること
- 税金問題にかかわる裁判例などがあれば取り上げるが、その取り上げる方法は、単なる裁決・判例紹介のようなものではなく、その内容を噛み砕いて解説すること

などを確認しました。

　このとき、鹿田税理士から、三木先生の税理士・春香シリーズのような会話形式で（本書を）進めてみては、とのアイディアも出ました。そこで、三木先生にお願いして、税理士・春香を登場させての解説が実現する運びとなったのです。

　私たち税理士は、日々の業務で直面する日常生活や経済活動など、あらゆる場面の根底で民法にかかわります。民法には、例えば契約のように、人と

人との約束に関するルールや、所有権のように人が物を支配する場合のルールが定められています。さらに、民法には家族関係に関するルールも定められています。本書では、これらのうち家族関係に関する部分を除き、債権や物権に関するテーマを中心的に取り上げました。

税理士向けに民法を解説する書籍は、すでにいくつか出版されていますが、私たちは、読者層に税理士を想定する場合、民法の教科書に多く採用されているパンデクテン・システムによる体系では読みにくいのではないかと感じていました。

そこで、本書では税務に関する具体的な事例を見出しにし、税務に関する項目順に並べることによって、税理士がより読みやすいものとなるように工夫しました。

本書を読んでいただくことによって、税理士が業務上直面する取引等の裏に、常に「民法のルールがある」ことに意識を向ける一助となれば幸いと考えています。

本書の完成に際し、この機会を与えていただいた三木先生と清文社編集部の皆様に深く感謝をいたします。

平成26年7月

執筆者を代表して
税理士　出川 洋

目次

第1章 国税通則法と民法の接点

第1話 錯誤無効から錯誤取消しへ 誤った申告の是正手段は変わる？……3
　民法の項目 ➡ 錯誤

第2話 修正意思のない修正申告の取扱い……………12
　民法の項目 ➡ 心裡留保

第3話 住所を転々として申告しなかった場合……………16
　民法の項目 ➡ 住所

第4話 条件成就による遡及効の課税への影響……………20
　民法の項目 ➡ 条件

第5話 時効と除斥期間ってどう違う？……………27
　民法の項目 ➡ 時効・除斥期間

第6話 後発的事由に基づく更正の請求と契約の解除……………32
　民法の項目 ➡ 契約解除

第7話 法的申告期限前に契約解除をした場合の課税関係……………40
　民法の項目 ➡ 契約解除

第8話 更正の請求以外に、
　　　　　国に対して税金の不当利得を請求できるか……………48
　民法の項目 ➡ 不当利得

第2章　所得税法・法人税法と民法の接点

第9話 消滅時効の援用、そのとき債権者は？　債務者は？ ……………………… 53
民法の項目 ➡ 消滅時効

第10話 時効による取得と所得課税 ……………………………………………………… 60
民法の項目 ➡ 取得時効

第11話 夫婦や親子で住宅ローンを組んだ場合 ……………………………………… 66
民法の項目 ➡ 連帯債務

第12話 保証債務を履行するために土地を譲渡し、
求償権が行使不能である場合とは ……………………………………………… 70
民法の項目 ➡ 保証債務

第13話 デッド・エクイティ・スワップ（DES）と混同 ………………………… 77
民法の項目 ➡ 混同

第14話 所得税法58条と民法上の交換契約 ……………………………………………… 85
民法の項目 ➡ 交換

第15話 「組合」に関する課税関係 ……………………………………………………… 90
民法の項目 ➡ 組合

第3章　相続税法と民法の接点

第16話 未収の地代家賃、未分割の財産から生じる収益 ……………………… 103
民法の項目 ➡ 果実

第17話 親族間の使用貸借 ………………………………………………………………… 111
民法の項目 ➡ 使用貸借

第18話 地上権と賃借権 ·· 120

法的相違は？また相続税評価の違いは？

民法の項目 ➡ 賃借権・地上権

第19話 借店舗の造作は誰のもの？ ··································· 126

借りている店舗に附属させた造作や設備は相続税の課税対象にならないのか？

民法の項目 ➡ 所有権

第20話 借地権の種類 ·· 132

普通借地権と定期借地権、その効力や評価額の相違は？

民法の項目 ➡ 賃借権・特別法

第21話 贈与契約書さえつくっておけば大丈夫!? ·········· 137

民法の項目 ➡ 贈与

第4章 消費税法と民法の接点

第22話 請負契約に基づく報酬も給与?! ························ 147

民法の項目 ➡ 請負

第23話 請負契約による賃貸用建物は、
消費税の課税期間内に引き渡されたなら、完成度は不問？ ········· 155

民法の項目 ➡ 請負

第5章 税理士法と民法の接点

第24話 委任契約と税理士損害賠償責任 ····························· 171

民法の項目 ➡ 委任

第25話 申告書作成を依頼された税理士が、
頼まれもしないのに帳簿作成をした場合の責任 ······················ 179

民法の項目 ➡ 事務管理

第26話 税理士の履行補助者の説明義務違反にかかる損害賠償責任 ········· 186

　　　　民法の項目 ➡ 債務不履行

第27話 粉飾決算を助けた税理士の責任 ···························· 192

　　　　民法の項目 ➡ 不法行為

第28話 税理士も知っておくべき定型約款 ························· 196

　　　　民法の項目 ➡ 定型約款

Tea Break

和解契約 ··· 10

民法改正　契約の解除 ··· 37

民法改正　債務引受 ··· 58

組合契約の種類と特徴 ··· 98

可分債権の共同相続についての判例変更 ····················· 109

民法改正　使用貸借 ··· 116

民法の雇用の規定は生きている？ ····························· 153

民法改正　請負──現行民法における請負契約は、請負人に酷だった!? ···· 163

申告書作成は請負契約なの？ ··································· 178

民法改正　代理 ··· 182

登場人物

春香（34歳）

税理士になって10年以上、中堅の所属税理士。頭脳明晰で好奇心旺盛だが、少し融通の利かないところが玉にキズ。

山川（36歳）

春香の事務所の先輩。実務経験が豊富で面倒見がよいが、理詰めの話は少し苦手。とはいえ、資格者としての自覚も増し、春香のよき相談相手。

所長（61歳）

税理士事務所を開業して30年近くの大ベテラン。二人の良き指導者だが、少し皮肉屋のところも。

【凡　例】

本書は平成31年 1 月 1 日現在の情報をもとに作成されています。

第1章

国税通則法と民法の接点

第1話 錯誤無効から錯誤取消しへ 誤った申告の是正手段は変わる？

錯誤無効から錯誤取消しへ

山 川　ねぇ、春香さん、以前、和解契約について教えてもらったときに、僕が錯誤の話をしたの、覚えてる？

春 香　はい、民法696条が和解に確定効果を認めてるから、争いを蒸し返せないって言ったら、山川さんが、新たに重大な証拠が見つかった場合でも、蒸し返せないのか？って。

山 川　そうそう。今回の民法改正*1で、和解契約については改正はなかったよねぇ。

春 香　たしかに、和解契約についての695条と696条の改正はありませんでした。

　　　　あっ、わかりました！　錯誤については、いままで無効となっていたのが、改正後は取り消すことができるとなったので、税務上の取扱いはどうなるのか!?　ってことですね。

山 川　その通り！

　　　　で、今回は、和解契約についてではなくて、もっと税務に密着した話題をもとに、錯誤無効から錯誤取消しになったことで何が変わるか、考えたいわけだよ。例えば、そんな高い税金がかかるなら、そもそも取引しなかったわけで、錯誤により取引そのものを取り消すことによって、取引を前提とする申告も錯誤により取り消せないのか、とか、そもそも申告そのものに重大な要素の錯誤があったから取り消せないか、とか……。

---

*1　民法の一部を改正する法律（平成29年法律第44号、平成29年5月26日成立、同年6月2日公布、平成32年（2020年）4月1日施行）

春　香　ちょっと待ってください。今の山川さんの言い方だと、錯誤が取り消すことができるようになったことで、何かこう、税務申告の是正手段についてのハードルも低くなったみたいに聞こえますけど……。

山　川　おや、それは心外だなぁ。僕としては、過去の税務訴訟で錯誤を主張した事例について、ここで改めて検討して、錯誤の効果が「無効」から「取り消すことができる」になったことで、何かが変わるのかどうかを考えてみよう、というつもりなんだけど。

春　香　あらま、大変失礼いたしました。

民法改正　錯誤

山　川　春香さんには、まず、錯誤に関する今回の改正についてポイントを整理して欲しいんだ。

春　香　わかりました。ポイントは2つだと思います。

　　　　1つは、先ほどから話題になっている「無効」から「取り消すことができる」になったという点で、しかも取消しになったことにより、取消しの主張の期間制限が加わりました。追認できるときから5年、行為のときから20年経つと、取消権は時効により消滅（民126）します。

山　川　そうか！　取消しになるってことは、取消権の行使に期間制限が加わるってことなのか。

春　香　はい、そして2つめは、動機の錯誤の条文化といわれていますが、95条の条文が現行法に比べて長くなり、錯誤が類型化されています。

山　川　錯誤の類型化？

春　香　ちょっと、新しい条文を確認しますね。

> **改正民法第95条（錯誤）**
> 　意思表示は、次に掲げる錯誤に基づくものであって、その錯誤が法律行為の目的及び取引上の社会通念に照らして重要なものであるときは、取り消すことができる。
> 一　意思表示に対応する意思を欠く錯誤
> 二　表意者が法律行為の基礎とした事情についてのその認識が真実に反する錯誤
> 2　前項第2号の規定による意思表示の取消しは、その事情が法律行為の基礎とされていることが表示されていたときに限り、することができる。
>
> 　　　　　　　　　　　　　　　　　　　　　　　　　　　　（以下略）

春　香　95条1項1号が、いわゆる表示行為の錯誤といわれてきたもので、1,500億円を1,500円と言い間違った場合（表示上の錯誤）とか、そもそもドルとポンドとが同じ価値だと思い込んでいて、1,500ドルと言うべきところを1,500ポンドと言った場合（内容の錯誤）とかですね。

　95条1項2号の「法律行為の基礎とした事情についてのその認識が真実に反する錯誤」がいわゆる動機の錯誤で、法律行為に至る前の段階のいわば勝手な思い込みみたいなものは保護に値しないのでは？と考えつつ、例外的に動機の錯誤が表示されていた場合は、無効とされてきました。改正条文は、「その事情が法律行為の基礎とされていることが表示されていたときに限り」との文言を入れて、この点を明確化しました。

　錯誤の類型を問わず、要素に錯誤があれば、つまり、改正民法の条文でいうと「その錯誤が法律行為の目的及び取引上の社会通念に照らして重要なものであるとき」は、取り消すことができる、として、意思表示をした者を保護することよりも、取引の安全をより重視することにしました。

山　川　「その錯誤が法律行為の目的及び取引上の社会通念に照らして重要なものであるとき」というのは、錯誤の重要性を判断する一種の基準なんだね。

春　香　はい、そのようです。これらの文言の変更は、これまでの判例法理を

踏襲したもので、改正によってこれまでの取扱いを大きく変更させるものではありません。」*2との解説があります。

申告行為と錯誤

山　川　錯誤の改正点については、ポイントはわかった気がするので、税務申告と錯誤について、検証しよう。

　まず、そもそも税務申告について錯誤無効の主張が許されたか、というと、国税通則法という特別法があるから、よほどのことがない限り、一般法である民法は排除されてきた、ということでいいよね。

春　香　はい。裁判所は、「確定申告書の記載内容の過誤の是正については、その錯誤が客観的に明白且つ重大であって、前記所得税法の定めた方法以外にその是正を許さないならば、納税義務者の利益を著しく害すると認められる特段の事情がある場合でなければ、所論のように法定の方法によらないで記載内容の錯誤を主張することは、許されない」*3と述べています。

山　川　さっき、春香さんに、錯誤無効から錯誤取消しになったことで、是正手段のハードルが低くなったみたいに聞こえるって言われたけど、現に国税通則法はあるわけで、更正の請求も5年間可能なわけだから、申告行為の是正手段として錯誤取消しの主張が難しいことに変わりはない、と考えたほうがよさそうだね。

春　香　私も同感です。錯誤について、無効から取消しにすることで、取引の安全をより重視することになります。錯誤無効の裁判でいわれてきた「その錯誤が客観的に明白且つ重大であって」という点が、「その錯誤が

---

*2　木山泰嗣監修・西中間浩著『債権法改正と税務実務への影響』（税務研究会出版局、2018年）17ページ

*3　最高裁昭和39年10月22日判決（TAINS　Z038-1324）

　　　　　法律行為の目的及び取引上の社会通念に照らして重要なものであるとき
　　　　は」と条文に明記されましたから、表示された動機の錯誤が重要な要素
　　　　の錯誤にあたるか否か、税理士の事実認定能力も問われることになり、
　　　　もしかしたら、錯誤取消しによる更正の請求の方が、よりハードルが高
　　　　くなるかもしれません。

山　川　　　そっかぁ、ますます難しくなるのかぁ……。

春　香　　　ただ、錯誤は無効から取消しになって取消権の期間制限が加わります
　　　　が、行為のときから20年というのがありますから、更正の請求の期限が
　　　　過ぎてから、特段の事情を掲げて錯誤取消しを主張してくる人はいるか
　　　　もしれません。

山　川　　　はぁ、特段の事情ねぇ、それもなかなか難しいと思うけど……。

修正申告において、確定申告時の意思表示を錯誤に基づいて撤回しうるか

春　香　　　錯誤については、もうひとつ、私には興味深い話があるんです。
　　　　　弁護士の西中間先生が、最高裁平成2年6月5日判決を素材に修正申
　　　　告において、当初申告における選択誤りを錯誤を理由に撤回することに
　　　　ついて、改正後においても錯誤取消し主張が認められるものと思われま
　　　　す*4とおっしゃっていますので、ご紹介します。

＊4　＊2前掲書26ページ

■ 最高裁平成 2 年 6 月 5 日判決[5]

（事実概要）

1. 納税者である歯科医師は、昭和54年分の所得税につき、昭和55年 3 月15日付で、総所得金額9,406,855円、税額を1,136,900円とする確定申告をした。当該確定申告において、社会保険診療報酬を25,036,241円、その必要経費につき租税特別措置法（昭和63年法律第109号による改正前のもの。以下「措置法」という。）26条 1 項の規定を適用して18,025,549円、自由診療収入を10,061,000円、その必要経費を7,515,552円として計算していた。

2. 納税者は、措置法26条 1 項の規定を適用して確定申告をするかどうかを判断するに当たり、社会保険診療報酬を得るために実際に要した経費（以下「実額経費」という。）と、同項に基づいて算出した経費（以下「概算経費」という。）とを比較した。ところが、診療経費総額を自由診療収入分と社会保険診療報酬分に振り分ける際に計算を誤ったため、自由診療収入分の実額経費が高くなってしまい、逆に、社会保険診療報酬の実額経費が少なくなったため、同項の概算経費を採用した方が有利であると判断し、同項の規定を適用した確定申告をする結果となった。

3. その後、納税者は、当該確定申告に自由診療収入の計上漏れがあったこともあり、昭和56年 7 月25日付で、総所得金額を10,646,196円、税額を1,416,700円とする修正申告をした。当該修正申告において、確定申告に係る自由診療収入に731,000円を加えるとともに、自由診療収入分の必要経費についての計算誤りを正して5,601,502円に減額し、他方、社会保険診療報酬の必要経費として実額19,264,788円を計上した。

4. 課税庁は、昭和57年 1 月20日付で、総所得金額11,885,435円、税額を1,901,400円とする更正処分及び過少申告加算税の賦課決定処分（過少申告加算税の額24,200円）をした。

5. 原審（福岡高裁昭和63年 6 月29日判決）は、確定申告において社会保険診療報酬の必要経費として概算経費を選択した場合には、その後修正申告においてこれを実額経費に変更することは許されないとして、納税者の請求を棄却した。

---

[5]　最高裁平成 2 年 6 月 5 日判決（TAINS Z176-6524）

春　香　西中間先生は、上記裁判例が、錯誤主張の要件について、最高裁昭和39年10月22日判決のように、「『錯誤が客観的に明白且つ重大』であることといった厳格なものが要求されていません。」[*6]から、「改正後においても錯誤取消し主張が認められるものと思われます。」[*7]とおっしゃっています。

山　川　えっ、そうなの?　最高裁は、なんていったの?

春　香　まず、「国税通則法19条1項1号によれば、確定申告に係る税額に不足額があるときは修正申告をすることができるところ、本件においては、確定申告に係る自由診療収入の必要経費の計算の誤りを正せば、必然的に事業所得金額が増加し、確定申告に係る税額に不足額が生ずることになるため、修正申告をすることができる場合に当たることになる。」といいます。そして、次、キーワードです。

　　　　「右修正申告をするに当たり、修正申告の要件を満たす限りにおいては（すなわち、確定申告に係る税額を増加させる限りにおいては）、確定申告における必要経費の計算の誤りを是正する一環として、錯誤に基づく概算経費選択の意思表示を撤回し、所得税法37条1項等に基づき実額経費を社会保険診療報酬の必要経費として計上することができると解するのが相当である。」といったのです。

山　川　ははぁ、裁判所が、錯誤が客観的に明白且つ重大かどうかとあえて言わずに、申告内容を全体として是正するものかどうかを重視して、選択誤りの撤回を認めたんだね。

所　長　とは言うものの、複数の選択肢から何が納税者にとって有利になるかを判断するにあたっては、慎重な姿勢が必要であることに変わりはないな。

山　川　アッ、所長、相変わらず、厳しいお言葉!

---

*6　*2前掲書26ページ
*7　*2前掲書26ページ

Tea Break

和解契約

　僕は、和解契約における確定の効果ということについて、錯誤との関係で疑問を持ったことがあった。前述のとおり、和解契約は民法695条に規定されており、その効果は696条に規定されていて、いずれの規定も今回改正されていない。

> 民法第695条（和解）　⇒　改正後も同じ
> 　和解は、当事者がお互いに譲歩をしてその間に存する争いをやめることを約することによって、その効力を生ずる。
> 民法第696条（和解の効力）　⇒　改正後も同じ
> 　当事者の一方が和解によって争いの目的である権利を有するものと認められ、又は相手方がこれを有しないものと認められた場合において、その当事者の一方が従来その権利を有していなかった旨の確証又は相手方がこれを有していた旨の確証が得られたときは、その権利は、和解によってその当事者の一方に移転し、又は消滅したものとする。

　民法696条の規定は必ずしもわかりやすい規定ではないけれど、簡単に言ってしまうと、権利の移転または権利の消滅が和解によって確定したら蒸し返しは許さない、ということになる。

　ただ、この蒸し返しを許さない、という点で、僕が気になったのは、後になって新たに重大な証拠が見つかっても、和解の確定効により蒸し返しは許されないのだろうか、という点だ。端的に言うと、要素の錯誤を理由に和解契約の無効を主張することは許されないのか、となる。

　僕の疑問に対して所長は、「争いのあることについて、互いに譲歩して、和解契約をした。だから、その争いについては、これでもう蒸し返すのはやめよう」となったのに、「『要素の錯誤がありましたから和解契約は

無効です』ってなったら、何のための和解契約で、何のために確定効を認めたのか、わからなくなる」と説明された。たしかに、せっかくの和解契約に錯誤無効の主張を認めたら、結局、いつまでたっても争いが収束しないことになってしまう。

　とはいうものの、和解契約の例としてよく挙げられる交通事故の示談においては、予期しなかった後遺症が出た場合に、追加の賠償請求が認められることがある。この問題は、後遺症の重篤性からみて、当初の契約内容が当事者の合理的意思の合致点としてふさわしいものといえるかどうかが判断基準となるようだ。

（鹿田）

修正意思のない修正申告の取扱い

裁判例の紹介

春　香　山川さん、修正申告書の提出に際して、後に更正の請求をする予定ですって書いた場合に、心裡留保の修正申告にあたると判断された裁判例がありましたよね。どんな内容でしたっけ？

山　川　ああ、広島地裁平成24年4月25日判決[*8]だね。

■ 広島地裁平成24年4月25日判決

（事実概要）

1．個人事業者が人材派遣を行う同族会社に支払った平成5年分から平成7年分までの支払手数料が、その個人事業の顧客から得る収入金額の6割に当たり、税務調査で高額であるとして、その一部につき、必要経費性を否認され、更正された。

2．その事業者は、その必要経費性を争うつもりで、平成8年分の確定申告においても、その同族会社に対する手数料を、その後も継続して6割の基準で必要経費に算入し、訴訟の準備をした。

3．その事業者の税務代理を行う税理士は、敗訴した場合、その支払手数料の一部が、必要経費として事業所得の計算上控除できなくなる一方、手数料を受け取る同族会社からの役員報酬にかかる給与所得と二重に課税される結果となることや、加算税・延滞税の負担を憂慮して、更正処分の際の税務署が用いた、人件費倍率に基づいて支払手数料の金額を減額した修正申告を奨め、その事業者に追加の税額を平成9年4月14日納めさせた。

4．平成9年3月31日に提出した、その修正申告書の「異動の理由」の欄に「更

[*8]　広島地裁平成24年4月25日判決（TAINS Z262-11935）

　正により修正申告を取り敢えずするが訴訟の準備をしているため後日判決文により更正の請求を予定している」と記載した。

5．平成17年5月27日、支払手数料の必要経費性を争った差戻後の高裁判決[*9]により、税務署が使用した人件費倍率の合理性が否認され、同族会社の行為計算の否認既定の適用も違法とされ、支払手数料に係る更正処分を取り消すことが確定した。

6．上記5の判決の確定に基づき、平成9年3月31日に提出した平成8年分の所得にかかる修正申告税額の返還を求める訴えを平成21年6月3日に起こした。

春　香　この事件では、控訴審判決[*10]でも納税者が敗訴して、いったん収めた税金の還付を受けることができなかったわけだけれど、一審の広島地裁が、このような修正申告は心裡留保にあたる、といったのでしたね。

民法改正　心裡留保

山　川　そうだけど、もしかして、今回の民法改正で、心裡留保の規定も変わったの？

春　香　はい、こんな条文になりました。

改正民法第93条（心裡留保）
　意思表示は、表意者がその真意ではないことを知ってしたときであっても、そのためにその効力を妨げられない。ただし、相手方がその意思表示が表意者の真意ではないことを知り、又は知ることができたときは、その意思表示は、無効とする。

2　前項ただし書の規定による意思表示の無効は、善意の第三者に対抗することができない。
※下線部が改正後の文言（以下、特に指定しない場合、同様とする）

---

*9　広島高裁平成17年5月27日判決（TAINS　Z255-10040）
*10　広島高裁平成24年10月24日判決（TAINS　Z262-12080）

山　川　　　2項に善意の第三者を保護する規定が追加されたことと、1項の文言がわかりやすくなったことがポイントだね。そして、この事件に関しては、修正申告により、税額を確定する意思がなかったという納税者の真意を税務署も知っていたから、当該修正申告は無効だ、という結論になんら影響がないことになるね。

春　香　　　そうですね。

　　　　　　ただ、この事件については、一審と二審の判決理由が異なっていますから、以前、この判決について議論したときには、所長も山川さんも、当該修正申告は心裡留保ではないのでは？　とのお考えでした。

山　川　　　あぁ、そんなこともあったねぇ。

　　　　　　一審は、最高裁昭和39年10月22日判決*11を参考に、その修正申告について、国税通則法や所得税法などに定めた方法以外に、その是正を許さないのなら、納税義務者の利益を著しく害するとは認められず、心裡留保に基づいて無効を主張することは許されない、といって、一審判決には「心裡留保」という文言が出てくるんだよね。

　　　　　　ところが二審は、いったん確定的な意思をもって、修正申告をしており、そもそも心裡留保にもあたらない、といった。

春　香　　　そうです。その時の山川さんのおっしゃり方で、ワタシは、山川さんもこの事件は心裡留保にあたらないって思っておられるんだろうなって感じたんです。

山　川　　　うん、たしかに、これって心裡留保かなぁ、とは思ってた。所長は、何て、おっしゃったんだっけ？

春　香　　　所長は、典型的な心裡留保とはどうも異なるような気がするって。二審判決がいうように、修正申告書に記載した文面が、修正申告により税額を確定する意思がなかったとは読み取れず、むしろ、とりあえず、

---

*11　最高裁所昭和39年10月22日判決 (TAINS Z038-1324)

いったん税額の確定手続を行おうとした、というふうに読める、とおっしゃいました。

山 川　そうだよなぁ。

春 香　心裡留保の典型例として内田貴先生の著書[*12]に示されているような、まさか買えまいと思って、貧乏学生に、自慢のパソコンを10万円なら売ってやるよといったとき、その貧乏学生がどこからか10万円を集めてきたのなら、たとえ本気で売る意思がなくとも、本気で買おうと思った者の利益を保護しなければならないだろう、みたいな話とは違うってことなのです。

（出川・鹿田）

[*12]　内田貴『民法Ⅰ（第4版）総則・物権総論』（東京大学出版会、2008年）47ページ

第3話

住所を転々として申告しなかった場合

山　川　　春香さん、住所を転々と変えて、税金の申告をしなかった場合、ほ脱罪になると思う？

春　香　　脱税には違いないでしょうね。でも、ほ脱罪の構成要件を満たすかどうかは、ちょっと、微妙だと思います。所得税法や法人税法などに、それぞれ、ほ脱罪の規定を設けていますが、偽りその他不正の行為により、税を免れる行為を処罰の対象としていますから。

山　川　　こんな裁判例[*13]があるね。

■ 東京高裁平成16年2月23日判決

（事実概要）

1. 被告は不動産賃貸業を営む個人事業者である。
2. 被告は平成3年分まで、所得税の確定申告書を税務署に提出していたが、税務調査による追徴課税をきっかけに、以後、所得税の確定申告をしないことに決めた。
3. その後平成7年7月まで、所得税の確定申告期限が近づく度に、転居し、住民票を移したが、税務署に対する異動届は提出せず申告書も提出しなかった。
4. その後は、新築した自宅に住みながら、確定申告期限の直前の時期に住民票だけを移して、所得税の確定申告をしなかった。
5. 不動産賃貸契約書には、実際に居住していない住所を記載していた。

山　川　　所得の積極的な秘匿工作を伴わない、単純不申告は、たとえ、ほ脱の意思によりなされた場合であっても、不正行為にあたらないという最高

---

*13　東京高裁平成16年2月23日判決（TAINS Z999-9048）

裁の判例*14があるようだよ。でも、本件では、虚偽の住民登録をしたことや契約書に虚偽の住所を記載したことが、ほ脱罪の決め手になったみたいだね。

春　香　実際の住所とは別のところに住民登録をしたことが、積極的な秘匿工作にあたるとされたんですね。

山　川　うん、でも、複数の住居があって、転々と暮らしているような人の場合、どこが実際の住所かという認定は困難なんじゃないかな？

所　長　民法は、住所についてどのようにいっていたかい？

民法の規定

春　香　あっ、はい。民法22条です。今回の改正では、第三節から第四節に移動しただけで、規定そのものは変わっていません。

> 民法第22条（住所）　⇒　改正後も同じ
> 各人の生活の本拠をその者の住所とする。

山　川　これだけでは、よくわからないよね。

所　長　そういう気持ちもわかる。ただ、生活の本拠という場合は、客観的な事実以上に、本人が「ここを住所としよう！」という意思も必要な気がするね。社会生活上も、そのように取り扱われていると考えていいだろう。
　　　　しかし、「本人の意思」となると、法律上は意味がないことになると思わないかい？　つまり、税法という法律では、住所は、納税地や居住者であるか否かを判定するための指標だし、公職選挙法という法律では、住所は選挙権を行使する所ということになるのだから、それが「本人の意思」に左右されては困るだろう。

＊14　最高裁昭和38年2月12日判決（刑集17巻3号183頁）

要するに、様々な法律で「住所」を扱う場合には、その目的に従って客観的に判定される必要がある、と思うんだがね。

春　香　客観的に判定、というのも難しいですね。

所　長　そうだね。裁判例*15は総合的に判断する、といっている。

■ 東京地裁平成19年9月14日判決

（要　旨）

　一定の場所がその者の住所であるか否かは、租税法が多数人を相手方として課税を行う関係上、客観的な表象に着目して画一的に規律せざるを得ないところからして、一般的には、住居、職業、生計を一にする配偶者その他の親族の居所、資産の所在等の客観的事実に基づき、総合的に判定するのが相当である。

　これに対し、主観的な居住意思は、通常は、客観的な居住の事実に具体化されているであろうから、住所の判定に無関係であるとはいえないが、このような居住意思は必ずしも常に存在するものではなく、外部から認識し難い場合が多いため、補充的な考慮要素にとどまるものと解される。

春　香　この裁判例では、どのような客観的事実が確認されたのですか？

所　長　これは、日本の居住者か否かが争われた事例だが、

① 　住民票の記載

② 　滞在日数

③ 　滞在施設の状況やその契約状況

④ 　電気代や水道代などの使用状況

⑤ 　身の回り品などの動産の保管状況

⑥ 　職業や収入状況

⑦ 　家族の状況

⑧ 　資産の状況

---

*15　東京地裁平成19年9月14日判決（TAINS Z257-10776）

　に関する事実を確認している。そして、これらの事実を総合的に判断して、日本国内に住所はなかったと判断した。

　また、たとえ租税回避を意図していたとしても、国内に真実の住所を有していたにもかかわらず、外国に住所があるように偽装していたとは認められないから、その租税回避の意図の有無で住所の認定が左右されるものではない、といっている。

春　香　　租税回避の意図の有無は住所の認定を左右しない、ということは、本人の居住意思の有無も住所の認定を左右しない、ということになるのでしょうか。

所　長　　私は、そう考えるべきではないかと思うね。

（出川・鹿田）

第4話

条件成就による遡及効の課税への影響

民法改正　贈与契約

山　川　　ねぇ、春香さん、以前、受贈者に著しい非行があった場合に、贈与者が贈与契約の解除をすることができたら、どうするっていう話をしていたときに、所長が、2013年2月26日に法制審議会の民法（債権関係）部会で決定された民法改正の中間試案でも検討されているよ[16]っておっしゃってたけど、あれって、今回の改正で決まったの？

春　香　　あぁ、ちょっとお待ちください。贈与契約のところは……、なさそうですね、よかったですね。

山　川　　あぁそう、よかった、って、ちょっと春香さん、違うでしょ。せっかくもらったと思っていたのに、非行があったから返せっていわれたって、使ってしまった場合は困るわけで、所長だって、受贈者の地位が著しく不安定になるのは好ましくないって、おっしゃってただろ。

所　長　　これこれ、お二人さん。贈与契約の改正点は、ここで一応さらっておいて欲しいけど、条件成就の妨害について新たな規定が設けられているから、そこは確認したほうが、よくはないかい！？

山　川　　えっ、ジョーケン　ジョージュ　ボーガイ？！　春香さん、新しい条文、教えて！

春　香　　はい、では、まず贈与契約についての改正点から。新しい条文は、次のようになりました。

---

*16　内田貴『民法改正のいま－中間試案ガイド』（商事法務、2013年）159～160ページ

> 改正民法第549条（贈与）
> 贈与は、当事者の一方が<u>ある財産</u>を無償で相手方に与える意思を表示し、相手方が受諾をすることによって、その効力を生ずる。
>
> 改正民法第550条（書面によらない贈与の解除）
> 書面によらない贈与は、各当事者が<u>解除をする</u>ことができる。ただし、履行の終わった部分については、この限りでない。

春 香　この２つの条文については、「自己の財産」から「ある財産」に、「撤回」が「解除」に、文言が変更されています。

　　　　　「ある財産」としたのは、他人の物でも贈与の目的物とすることはできるとする判例[17]の立場を明確にしたものです。

　　　　　「『撤回』は、意思表示に瑕疵なく契約の効力を消滅させることであるので、改正民法は他の条文に合わせ、『解除をすることができる』に変更した」[18]って書いてあるんですけど……。

山 川　「撤回」ってなんだったっけ？

春 香　将来に向かって契約の効力をなくすことだって、習った気がしますけど。550条は、ただし書きで「履行の終わった部分については、この限りでない。」となってますから、「撤回」のままでいいような気がします。

山 川　いやいや、ただし書きがついてるから、「解除」にしたんじゃない？

　　　　　書面によらない贈与も、当事者の意思表示によって解除することができるけど、履行が終わった部分はダメですよ、っていうことで。

春 香　あぁ、そういうことかもしれませんね。

山 川　ほかの改正点は？

---

*17　最高裁昭和44年１月31日判決（判例時報552号50頁）
*18　熊谷則一『現行法との比較でわかる改正民法の変更点と対応』（中央経済社、2017年）314ページ

> **改正民法第551条（贈与者の引渡義務等）**
> 　贈与者は、贈与の目的である物又は権利を、贈与の目的として特定した時の状態で引き渡し、又は移転することを約したものと推定する。
> 2　負担付贈与については、贈与者は、その負担の限度において、売主と同じく担保の責任を負う。

春　香　贈与者の担保責任については、贈与も契約ですから、契約の内容に従った目的物を引き渡さなければいけませんが、贈与は無償契約ですから、贈与者の責任をもう少し軽くしてもいいのでは？　と当事者双方が考えるでしょう、ということから、このような文言になったようです。

山　川　ふーん、で、2項の負担付贈与の規定については、改正点なし、っと。はい、確認しました！

春　香　……。

条件付契約における課税上の取扱い

山　川　条件には、停止条件と解除条件とがあって、停止条件については、相続税法基本通達1の3・1の4共－9に基づいて、整理したんだったね。

春　香　はい。相続税法基本通達1の3、1の4共－9には、停止条件が成就した時に、遺贈又は贈与による財産を取得すると書かれています。

　　　　　ところが、所得税基本通達では、各種所得について、収入金額または総収入金額の収入すべき時期についての規定が設けられていますが、停止条件付の場合について、個別の規定がありませんでした。

山　川　そうだったね。農地の売却の場合は農地法5条の許可が必要だけど、農地法の許可は、契約の効力発生の条件になるものの、法定条件という公益のために法律で定められた条件であって、民法上の停止条件とは区別されている[19]っていう話だったね。

春　香　はい。そして、解除条件は、契約そのものは合意の時に効力を発して

いて、解除条件が成就したときに遡って効力がなくなるので、そのとき
に更正の請求ができるかどうか、という問題になり、民法の条件成就と
遡及とを、そのまま、税法にあてはめることはダメみたいだ、という話
をしていました。

山　川　そういう話をしていると、所長が、旧日本興業銀行事件における解除
条件の話をしてくれたんだよね。

春　香　はい、少し難しかったですね。

旧日本興業銀行事件[20]における解除条件

山　川　住宅金融専門会社、いわゆる住専のひとつと旧日本興業銀行とが作成
した債権放棄約定書に、当該住専の営業譲渡の実行及び解散の登記が、
平成8年12月末日までに行われないことを解除条件として、債権を放棄
する、という一条があったんだよね。

春　香　平成8年5月10日に、住専処理に関する公的資金を盛り込んだ平成8
年度予算が成立し、6月18日には住専処理法が成立し、6月21日、同法
施行。当該住専は、同月26日の株主総会において、解散及び営業譲渡に
関する定款の一部変更の特別決議をし、8月31日に営業譲渡契約を締
結、9月1日に解散しました。

　　平成8年12月末日までに、営業譲渡も解散もされましたから、契約解
除、つまり、債権は放棄しない、というふうに思われました。

山　川　課税庁や原審も、「解除条件付きで本件債権放棄がされたものであ
り、本件における流動的な事実関係の下では、本件事業年度の損金とし
て確定したとはいえず」といったもんね。

＊19　三木義一・関根稔・山名隆男・占部裕典『実務家のための税務相談（民法編 第2版）』（有斐閣、2006年）43ページ
＊20　最高裁平成16年12月24日判決（TAINS Z254-9877）

　　それはさておき、条件付契約における税法上の取扱いについては、次のようにまとめたんだよね。

条件付契約における税法上の取扱い

	効力発生時期	遡及効
停止条件付	条件成就の時	認めない
解除条件付	契約の時	更正の請求による調整

民法改正　条件

山　川　で、次に確認すべきは、条件についての民法の改正点だね。

春　香　はい、条件については第130条に2項が新設されました。

改正民法第130条（条件の成就の妨害等）
　　条件が成就することによって不利益を受ける当事者が故意にその条件の成就を妨げたときは、相手方は、その条件が成就したものとみなすことができる。
　2　条件が成就することによって利益を受ける当事者が不正にその条件を成就させたときは、相手方は、その条件が成就しなかったものとみなすことができる。

山　川　ん？　さっき、所長は条件成就妨害の規定が変わったって、おっしゃってたよね。でも、新設された130条2項は、不正に条件を成就させたとき、だよね。

春　香　そうなんです。条件の成就を妨害したときの規定は、現行民法にも明文化されていますが、条件が成就することによって利益を受ける当事者が不正に条件の成就を実現させた場合については、最高裁平成6年5月31日判決[21]が、相手方は、その条件が成就しなかったものとみなすこと

---

*21　最高裁平成6年5月31日判決（民集48巻4号1029頁）

ができる旨を判示していたのです。今回の民法改正では、判例の立場を明文化したということです。

　　この事件、部分かつらに関する事件なんですが、ちょっと笑っちゃいます。

山　川　　部分かつら？　春香さん、笑っちゃマズイでしょ！

春　香　　あら、判決文の内容がおもしろいってことですよ。

■ 最高裁平成6年5月31日判決

（事実の概要）

1．上告人（債権者）から被上告人ら（債務者）に対する債務名義として第一審判決添付和解条項を内容とする裁判上の和解調書が存在するが、右条項第1項には、被上告人らが櫛歯ピンを付着した部分かつらを製造販売しない旨、同第2項には、被上告人らがこれに違反した場合には連帯して上告人に対し違約金1,000万円を支払う旨の記載がある。

2．上告人の取引先関係者であるDは、上告人の指示の下に、通常の客を装って被上告人Bの店舗に赴き、まず、櫛歯ピンとは形状の異なるピンを付着した部分かつらの購入を申し込んで、その購入契約を締結した。Dは、その後、部分かつら本体の製作作業がかなり進んだ段階で、さらに上告人の意を受けて、右形状のピンを付着した部分かつらであれば右購入契約を解約したい、解約できないなら櫛歯ピンのようなストッパーを付けてほしい旨の申入れをした。困惑した被上告人Bの従業員は、Dの強い要求を拒み切れず、契約の変更を承諾した上、櫛歯ピンを付着した部分かつらをDに引き渡した。

3．上告人がDに右のような行為をさせたことについては、被上告人Bの本件和解条項違反行為を確認するためのやむを得ないものであったと解すべき事情は認められない。

4．上告人は、被上告人BがDに右かつらを販売したことは本件和解条項第1項に違反するから、同第2項の条件が成就したとして、前記の裁判上の和解調書による被上告人らに対する強制執行のため執行文の付与を申請し、東京地方裁判所の裁判所書記官から、執行文の付与を受けた。

> 5. 被上告人らは、上告人が条件成就による執行文の付与を受けたことに対して、条件成就を争って、執行文の付与された右和解調書の正本に基づく強制執行の不許を求める執行文付与に対する異議の訴えを提起した。

山　川　そりゃあ怒るわな。上告人の"やらせ"以外の何ものでもないじゃん。笑っちゃうっていうより、なんか、腹立つなぁ。

春　香　へぇ、山川さんって、意外と正義感強いんですね。

山　川　意外とってのは余計だね。で、裁判所は何ていったの？

春　香　はい、原審（東京高裁）は、被上告人Bに条件成就に該当する行為があったが、本件においては上告人が条件成就を主張することは信義則に反し許されないと判断して、被上告人らの請求を認容しました。

　　そして、最高裁は、「被上告人BがDに櫛歯ピン付き部分かつらを販売した行為が本件和解条項第1項に違反する行為に当たるものであることは否定できないけれども、上告人は、単に本件和解条項違反行為の有無を調査ないし確認する範囲を超えて、Dを介して積極的に被上告人Bを本件和解条項第1項に違反する行為をするよう誘引したものであって、これは、<u>条件の成就によって利益を受ける当事者である上告人が故意に条件を成就されたものというべきであるから、民法130条の類推適用により、被上告人らは、本件和解条項第2項の条件が成就していないものとみなすことができると解するのが相当である。</u>」といいました。

　　改正民法は、2項が新設されましたから、今後は類推適用の必要がなくなった、ということになりますね。

所　長　どうだい、民法の改正点は確認できたかい。今回の改正は、従来、解釈に委ねられていた点について条文化する、ということも理由の1つだからね。今後ますます、条文をきちんとみる必要がありそうだね。

春香・山川　はい。

（鹿田）

時効と除斥期間って どう違う？

第5話

山　川　　春香さん、以前、徴収権の消滅時効と賦課権の除斥期間について整理したことがあったけど、今回の民法改正で、消滅時効は変わったんじゃなかった？

春　香　　そうですね。消滅時効に関する改正点は、いくつか分けてお話ししたいのですが、今回は、「中断」や「停止」という言葉が無くなった点を中心にお話ししましょう。

山　川　　その前に、もう一度、確認しておこう。
　　　　　更正や決定に基づく賦課は、税務署が納付すべき税額を一方的に確定する手続だから除斥期間、徴収権は、すでに確定した税額を徴収する権利で、一般の債権と同じように考えられるから消滅時効、ということだったね。

民法改正　消滅時効

春　香　　時効と除斥期間の違いについて、時効の援用、時効の中断、除斥期間という項目で整理することが多いのですが、この「援用」と「中断」についてお話しします。

> 改正民法第145条（時効の援用）
> 　時効は、当事者（<u>消滅時効にあっては、保証人、物上保証人、第三取得者その他権利の消滅について正当な利益を有する者を含む。</u>）が援用しなければ、裁判所がこれによって裁判をすることができない。

春　香　　時効は、時効の利益を受ける者が援用しなければ成立しないことは、

　　もちろん変更がないわけですが、消滅時効の援用権者については、判例
　で認められてきた保証人、物上保証人、第三取得者その他権利の消滅に
　ついて正当な利益を有する者を含む、と規定されました。

山　川　「消滅時効にあっては」となっているから、取得時効については、い
　　ままでどおり、「当事者」なんだね。

春　香　そのようです。次に、「中断」をみてみましょう。

改正民法第147条（裁判上の請求等による時効の完成猶予及び更新）
　　次に掲げる事由がある場合には、その事由が終了する（確定判決又は確定判決
と同一の効力を有するものによって権利が確定することなくその事由が終了した
場合にあっては、その終了の時から６箇月を経過する）までの間は、時効は、完
成しない。
　一　裁判上の請求
　二　支払督促
　三　民事訴訟法第275条第１項の和解又は民事調停法（昭和26年法律第222号）若
　　しくは家事事件手続法（平成23年法律第52号）による調停
　四　破産手続参加、再生手続参加又は更生手続参加
　2　前項の場合において、確定判決又は確定判決と同一の効力を有するものによっ
　て権利が確定したときは、時効は、同項各号に掲げる事由が終了した時から新た
　にその進行を始める。

山　川　長くなったねぇ。現行民法なんて、あっさりしてるよ。

現行民法第147条（時効の中断事由）
　時効は、次に掲げる事由によって中断する。
　一　請求
　二　差押え、仮差押え又は仮処分
　三　承認

春　香　たしかに。でも、現行民法は、中断があった場合に、その後のこと
　　は、「中断した時効は、その中断の事由が終了した時から、新たにその

進行を始める。」（現行民法157条１項）と条文が離れていて、わかりにく
い気がします。

山　川　　そういわれれば、そういう気もするけど、条文が長いっていうのは、
僕なんかは、ちょっとなぁ……。

春　香　　改正民法147条を端的にまとめると、「権利の行使が消滅時効の完成に
与える効果を場合毎に『時効の完成猶予』と『時効の更新』という概念
で書き分けた」[22]ということで、「権利行使のうち、裁判上の請求等につ
いては『時効の完成猶予』の効力があり、確定判決等があれば『時効の
更新』がなされ」[23]、訴えが却下・取下げがなされた場合のように、「途
中で終了した場合は、終了した時から６か月間の『時効の完成猶予』が
ある」[24]、となるみたい……。

山　川　　はぁ、まだまだ勉強が必要だなぁ。で、国税通則法の徴収権はどうな
るの？

国税通則法第73条の改正

春　香　　国税通則法73条の「中断」「停止」も、「更新」「完成猶予」に改正さ
れることになったそうです。

　　　　　国税通則法72条１項に規定される徴収権の時効は、法定納期限から５
年間で、更正、加算税等賦課決定等があった場合は納付期限まで消滅時
効が「完成猶予」され、納付期限がくると「更新」される[25]ことになっ
ているらしいです。

山　川　　春香さんも歯切れが悪いねぇ。

春　香　　はい、国税通則法についても新旧対照表をつくって整理しないと、と

＊22　熊谷則一『３時間でわかる！図解民法改正』（日本経済新聞出版社、2017年）52ページ
＊23　＊22前掲書52ページ
＊24　＊22前掲書52ページ
＊25　＊19前掲書44ページ

てもわかりづらいんです。

改正民法施行後	現行法
国税通則法第73条 （時効の完成猶予及び更新） 　国税の徴収権の時効は、次の各号に掲げる処分に係る部分の国税については、<u>当該各号に定める期間は完成せず、その期間を経過した時から新たにその進行を始める。</u> （以下略）	国税通則法第73条 （時効の中断及び停止） 　国税の徴収権の時効は、次の各号に掲げる処分に係る部分の国税については、<u>その処分の効力が生じた時に中断し、当該各号に掲げる期間を経過した時から更に進行する。</u> （以下略）

山　川　　国税の徴収権や還付請求権の消滅時効については、国税通則法で、時効の援用の必要がなく、その利益も放棄することができない、という点は、変わらないよね。

春　香　　はい、そこは変更ありません。

国税の徴収権・還付請求権に係る消滅時効の絶対的効力

国税通則法72条2項では、「国税の徴収権の時効については、その援用を要せず、また、その利益を放棄することができないものとする。」としている。また、同法74条2項においては、還付請求権についても上記の規定を準用するとしている。

賦課権の除斥期間

山　川　　賦課権の除斥期間について、確認しておこう。原則が5年、偽りその他不正行為により税を免れた場合は7年、その他、3年とか9年とかあって、整理が必要、と。

除斥期間の例外

- 3年の除斥期間（通則法70①）
　課税標準申告書※の提出を要する国税で当該申告書の提出があったものに係る賦課決定（納付すべき税額を減少させるものを除く）の場合
　　※　課税標準申告書とは、賦課課税方式による国税に係る課税標準を記載した申告書のことをいう（通則法31）
- 6年の除斥期間（相法36①）
　贈与税に係る更正もしくは決定または賦課決定の場合
- 7年の除斥期間（通則法70④）
　偽りその他不正の行為によりその全部もしくは一部の税額を免れ、もしくはその全部もしくは一部の税額の還付を受けた国税（当該国税に係る加算税及び過怠税を含む）についての更正決定等または偽りその他不正の行為により当該課税期間において生じた純損失等の金額が過大にあるものとする納税申告書を提出していた場合における当該申告書に記載された当該純損失等の金額（当該金額に関し更正があった場合には、当該更正後の金額）についての更正の場合
- 9年の除斥期間（通則法70②）
　法人税に係る純損失等の金額で当該課税期間において生じたものを増加させ、もしくは減少させる更正または当該金額があるものとする更正の場合

山　川　　贈与税の除斥期間だけが6年って、中途半端だなぁ。

所　長　　平成15年に、相続時精算課税制度が導入されて相続税法が見直された際に、6年の特例が設けられたのだよ。親族間の贈与というのは、明確な仮装隠ぺいの意思が認められなくても、親族だからこそ行われた特殊な取引ということがありうるので、このような特例が設けられたのだろうね。

（出川・鹿田）

第6話

後発的事由に基づく更正の請求と契約の解除

後発的事由に基づく更正の請求（通則法23②三）

山　川　ウーン、解除条項ねェ……。

春　香　エッ、山川さん、どなたの契約が解除なんですか？

山　川　もー、春香さん（怒）！　僕は契約を解除されるようなヘマは、そうそうしませんよ！　あっ、でも、ちょうどいいから、春香さん、教えてくれない？　国税通則法23条2項3号の規定なんだけど。

春　香　はい、後発的事由に基づく更正の請求ですね。国税通則法23条2項3号、「その他当該国税の法定申告期限後に生じた前二号に類する政令で定めるやむを得ない理由があるとき」ですよね。

山　川　ウン、政令が6条で、その2号が「その申告……に係る課税標準等又は税額等の計算の基礎となった事実に係る契約が、解除権の行使によって解除され、若しくは当該契約の成立後生じたやむを得ない事情によって解除され、又は取り消されたこと」とあるんだけど。

春　香　法定解除と合意解除で、なぜ、取扱いが違うのか、ってことですか？

山　川　アッ、いやいや、その問題は、僕の中では一応解決しているつもりなんだ。

所　長　一応じゃあ、困るんだよな……。春香くん、簡単に整理してみて。ついでに、民法の規定もきちんと押さえて。

契約の解除

春　香　はい。まず"解除"は、契約の終了原因のひとつですが、民法では、

540条に解除権の行使という規定があります。540条は、今回の改正においても、変更はありません。

民法第540条（解除権の行使）　⇒　改正後も同じ
1　契約又は法律の規定により当事者の一方が解除権を有するときは、その解除は、相手方に対する意思表示によってする。
2　略

春　香　そして、解除権には、

- 当事者が契約においてあらかじめ定めておく約定解除権
- 法律の規定により有することとなる法定解除権

の2つがあります。法定解除権は、さらに2種類あって、個々の契約ごとに法律が個別に定めている解除権と、各契約類型に共通の、債務不履行を理由とする解除権とがあります。

山　川　ヘェ、法定解除権にも2種類、あるんだ。

春　香　解除権の行使、すなわち、解除は、契約を終了させる一方的な意思表示で、つまりは単独行為です。解除の効果としては、原状回復義務があります。

　　　　ただし、民法では、第三者の権利を害することはできない、としていて、解除の効果にも一定の制限があります。

所　長　春香くんの民法の勉強、少しは進んでいるようだね。マァ、山川くんは、そこまで知らんでもいいが、国税通則法23条2項3号の規定との関係で説明すると？

山　川　解除権の行使によって契約が解除され、申告等の計算の基礎となった事実がなくなれば、国税通則法23条2項3号の規定に基づいて、契約解除の日の翌日から2か月以内に、更正の請求をすることができます。

所　長　うん。そして、国税通則法23条2項3号には、もう1つの解除の場合が規定されている。

山　川　はい。いわゆる"合意解除"といわれる場合のことで、この場合は、契約の解除が、やむを得ない事情によってされたものでなければ、更正の請求が認められない、とされています。

所　長　うん、一応、理解できているようだな。

　　　　では、合意解除の場合に、やむを得ない事情を必要とする理由は？

山　川　エッ、理由ですか？　あー、合意解除というのは、要するに、当事者間の合意ですから。

春　香　契約の解除を合意する新たな契約ですから。

山　川　ハァ、新たな契約、カッコイ〜ィ。

所　長　合意解除というのは契約の解消を当事者が合意すればいいんだから、その理由は、極端にいえば、何だかイヤになったからやめる、というのでもいいわけだ。

山　川　アァ、そっか。

　　　　何だかイヤになったからやめたいんですけど……。あぁ、いいですよ、やめましょう。ところで、税金払っちゃいましたけど、これって返してもらえますよねぇ……、なーんて感じで更正の請求なんか出されたら、それこそ、法的安定性が害される！ってとこですかね。

春　香　合意解除の場合も、契約の効果が遡及的に失われるという効果の点では、法定解除の場合と同じなんですよね。でも、当事者の勝手な都合で、当初からなかったものにすることができる、という点で、基本的には更正の請求の対象とはならない、とされているんですね。

所　長　そう、今みたいに、簡単な言葉で説明すればいいんだ。

合意解除が"後発的事由"にならなければOK？

所　長　そこでだ。次に、山川くんの悩み、とやらを聞かせてもらおうか。

山　川　あ、や、いや、その……。

所　長　なんだ、今さら。どーせ良からぬことを考えていたんだろうけど。

山　川　あ、所長、それはないっスよ。

　　　　いえね、くどいですが、合意解除の場合は、基本的に更正の請求が認められないんですから、契約する段階で、解除条項みたいなものを入れておけば、仮に、気乗りしなくなったみたいな理由で解除する場合でも、解除権の行使になって、更正の請求ができるんじゃあないのかなぁ……とか、なんとか……。

春　香　エッ、そんなのってアリですか？　当事者の双方またはいずれか一方が気乗りしなくなった場合は、その意思を相手方に表示することによって、この契約を解除できるものとする、とかって、契約書に書くんですか？

山　川　いや、だからサァ、そんな、気乗りしなくなった場合は、なんて、もちろん書かないけどさ、そこは、ほれ、何だ、契約の遂行に支障をきたすものと判断した場合は、とか、なんとか。こう、契約書の文言らしく作ってもらって……。

春　香　気乗りしないっていうだけで、契約の遂行に支障をきたすことになるんですか？

山　川　だから、例えば、そういう……。

所　長　まァまァ、春香くん、山川くんの言っていることは、あながち良からぬことでもないかもしれない。

　　　　地裁レベルでの確定判決だけれど、相続発生後で、その法定申告期限前に、土地の売買契約を解除した場合に、相続税の課税財産は何か、が争われた事件[26]なんかが参考になるかもしれない。

春　香　法定申告期限前の解除、ですか？　その場合は後発的事由ではなく、納税義務の不成立の問題ではないのですか？

---

[26]　広島地裁平成23年9月28日判決（TAINS Z261-11773）

所　長　確かに、そういうことになるだろうけど。

　この事件は、契約の解除が、合意解除か、解除権の行使なのか、という点についても争われたみたいだよ。

　ま、2人で、一度、この事件を研究してみたらどうかな？ ここはひとまず、後発的事由に基づく更正の請求と契約の解除ということで、まとめをしておこう。

「解除」の種類と国税通則法の関係

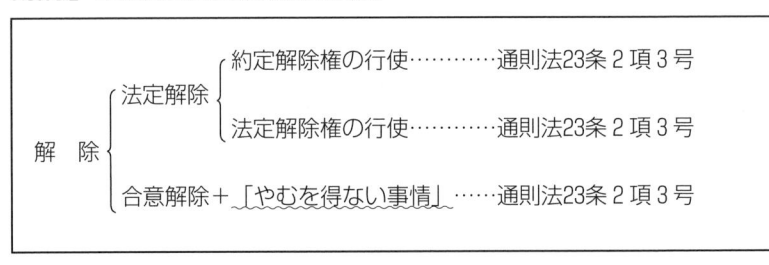

* 　「やむを得ない事情」によって解除された、とは、合意解除の原因が、
  ● 法定の解除事由による場合
  ● 事情の変更により契約の効力を維持することが不当な場合
  ● その他これに類する客観的理由に基づいてされた場合　など[27]

---

[27]　平成11年10月18日裁決（裁決事例集58集201頁）

Tea Break

民法改正　契約の解除

　現行民法では、契約の解除について、履行遅滞（現行民法541条）、定期行為の履行遅滞（現行民法542条）、履行不能（現行民法543条）の3つの場合について規定していました。

　改正民法は、催告による解除（改正民法541条）と催告によらない解除（改正民法542条）、債権者の責めに帰すべき事由による解除（改正民法543条）という整理の仕方をしました。一言でいうと、次のようになるのではないでしょうか。

POINT　ポイント

　現行民法では、解除は責任追及の手段であったが、改正民法では、解除は、債務不履行をされた債権者を契約の拘束力から解放するための手段である。

契約解除　新旧対照表

改正民法	現行民法
第541条（催告による解除）	**第541条**（履行遅滞等による解除権）
当事者の一方がその債務を履行しない場合において、相手方が相当の期間を定めてその履行の催告をし、その期間内に履行がないときは、相手方は、契約の解除をすることができる。<u>た</u>	当事者の一方がその債務を履行しない場合において、相手方が相当の期間を定めてその履行の催告をし、その期間内に履行がないときは、相手方は、契約の解除をすることができる。

だし、その期間を経過した時における債務の不履行がその契約及び取引上の社会通念に照らして軽微であるときは、この限りでない。

第542条（催告によらない解除）

　次に掲げる場合には、債権者は、前条の催告をすることなく、直ちに契約の解除をすることができる。

一　債務の全部の履行が不能であるとき。

二　債務者がその債務の全部の履行を拒絶する意思を明確に表示したとき。

三　債務の一部の履行が不能である場合又は債務者がその債務の一部の履行を拒絶する意思を明確に表示した場合において、残存する部分のみでは契約をした目的を達することができないとき。

四　契約の性質又は当事者の意思表示により、特定の日時又は一定の期間内に履行をしなければ契約をした目的を達することができない場合において、債務者が履行をしないでその時期を経過したとき。

第542条（定期行為の履行遅滞による解除権）

　契約の性質又は当事者の意思表示により、特定の日時又は一定の期間内に履行をしなければ契約をした目的を達することができない場合において、当事者の一方が履行をしないでその時期を経過したときは、相手方は、前条の催告をすることなく、直ちにその契約の解除をすることができる。

五　前各号に掲げる場合のほか、債務者がその債務の履行をせず、債権者が前条の催告をしても契約をした目的を達するのに足りる履行がされる見込みがないことが明らかであるとき。

2　次に掲げる場合には、債権者は、前条の催告をすることなく、直ちに契約の一部の解除をすることができる。

一　債務の一部の履行が不能であるとき。

二　債務者がその債務の一部の履行を拒絶する意思を明確に表示したとき。

第543条（債権者の責めに帰すべき事由による場合）
債務の不履行が債権者の責めに帰すべき事由によるものであるときは、債権者は、前2条の規定による契約の解除をすることができない。

第543条（履行不能による解除権）
履行の全部又は一部が不能となったときは、債権者は、契約の解除をすることができる。ただし、その債務の不履行が債務者の責めに帰することができない事由によるものであるときは、この限りでない。

（鹿田）

第7話

法定申告期限前に契約解除をした場合の課税関係

契約の解除と更正の請求

春　香　あのォ、山川さん、こないだの契約の解除と更正の請求の関係のことなんですけど……。

山　川　あぁ、所長がおっしゃってた、法定申告期限前に契約解除をした場合が、どーとかってやつ？

春　香　はい。国税通則法23条をもう一度、確認したんですけど……。2項は「納税申告書を提出した者……は」となっています。通常の更正の請求といわれる同条1項でも、この点は同じで、「納税申告書を提出した者は」となっています。

山　川　つまり、納税申告書を提出していない者のことは、書いてないってことか。この前、春香さんは、法定申告期限前の契約解除は、納税義務の不成立の問題じゃないんですか？　って言ってたよね。

春　香　そうなんですけど……。法定申告期限後の契約解除の場合は、法定解除と合意解除とで取扱いを異にしていますよね。

「解除」の種類と国税通則法の関係

	法定解除	約定解除権の行使…………通則法23条2項3号
解　除		法定解除権の行使…………通則法23条2項3号
	合意解除＋「やむを得ない事情」……通則法23条2項3号	

春　香　じゃあ、法定申告期限前の契約解除なら、法定解除でも合意解除でも

同じ、つまり、やむを得ない事情は必要ないのかなぁ？　と思って……。

山　川　　法定申告期限前なら、当事者間で、やめましょうって合意したら、そ
　　　　　れでOK。そりゃあ、それでいいって思うけどな。

　　　　　契約自由の原則は、契約解除の自由だって、あり！　だろ。所長がこ
　　　　　ないだ紹介してくれた判決は、合意解除じゃなかったの？

春　香　　ウーン、被告、つまり課税庁は、合意解除だと主張したんですけど、
　　　　　裁判所は、解除権の行使に基づく解除だと判断したみたいなんです。
　　　　　もっとも、仮に合意解除だとしても、やむを得ない事情があったといえ
　　　　　る、とも言っていて、必ずしもはっきりしない感じです。

山　川　　珍しいねぇ、春香さんが、そんな煮え切らない。でも、今の春香さん
　　　　　の弁だと、法定申告期限前の解除であっても、合意解除の場合は、やむ
　　　　　を得ない事情が必要だ、ということになるように思えるね。一緒に、判
　　　　　決文を検討してみようか。

広島地裁平成23年9月28日判決[*28]

山　川　　エッ、売買契約中に契約者が死んだっていうの？

春　香　　そうです。相続法上は、契約者の地位も引き継ぎますから、解除権も
　　　　　引き継いだって、おかしくはないんですけど……。

山　川　　チョット待って。そんなに、サクサク進まれてもわからないから、裁
　　　　　判所が認定した事実関係から、見てみよう。

　　　　　エーッと、被相続人は、平成18年3月10日に死んだ。昭和の終わりこ
　　　　　ろに相続税の総額の試算をして、3～4億円の相続税が必要となること
　　　　　が予想された、か。

　　　　　で、生前贈与・養子縁組・不動産管理会社の設立、って、お決まりの

＊28　広島地裁平成23年9月28日判決（TAINS　Z261-11773）

対策をやったわけだ。

春　香　　山川さん、その辺はいいですから！

山　川　　いやいや、書いてあることは、一応、きちんと読まないと（笑）。

春　香　　問題の売買契約は、ですね……。平成17年12月7日、被相続人とA社とが契約仲介業者C社との間でなされたもので、売買総額は1億7,087万円、手付金1,700万円を同日、被相続人は受け取っています。

山　川　　うひょ〜ぉ、死ぬ3か月ほど前に、現金1,700万円かァ……。

春　香　　売買契約書には……。

山　川　　アッ、完全に無視！

春　香　　引渡期日は平成18年4月末日。

　　　　　売買代金の支払いは、引渡期日に残金を支払う。

　　　　　所有権移転登記は、売買代金残金の受領と同時に、登記申請を行う。

　　　　　所有権の移転は、残金の支払いと所有権移転登記の申請とが完了すると同時に、被相続人からA社に移転する。

　　　　　手付解除については……。

山　川　　エッ、手付解除の条項があったんだ！

春　香　　普通、ありますよ！

　　　　　引渡期日、すなわち平成18年4月末日までは、被相続人は手付金の倍額を支払い、また、A社は手付金を放棄して、この契約を解除できる。ただし、契約の相手方が契約の履行に着手した時は解除できない。

　　　　　普通の手付解除に関する条項だと思いますけど……。

山　川　　で、平成18年3月10日に、被相続人が死んだ！

春　香　　いえ、その前に、売買契約の決済日の変更があるんです。売買の目的物は賃貸中だったんですけど、平成18年2月末頃までに、全員が退去したので、決済日を、平成18年4月末日から、同年3月16日に変更することに合意しているんです。

山　川　　3月16日に変更ってか！　被相続人がA社とか？　そんなわけない

な。一体、誰が……

春　香　　そうなんです！　まぁ、被相続人には、不動産コンサルタント業務に従事している人がアドバイザーとしてついていたようですけど。

山　川　　怪しいな、そいつ！

春　香　　別に怪しくはないですけど、そのアドバイザーが、被相続人が亡くなった直後、Ａ社に連絡して、決済を待ってほしいと連絡したみたいですよ。そして、Ａ社からも何の異議も出なかったって。

山　川　　そりゃ、そうだろうな、フツー。契約の当事者が亡くなって、サクサク物事を進めようとする日本人は、そういないよな。

　　　　　で、そうこうするうちに、相続人たちは、契約解除しちゃった！

春　香　　長女の夫、この人、被相続人の養子なんで、共同相続人の１人なんですけど、彼が、そのアドバイザーに、３月末か４月初め頃に、契約解除の方針を伝えます。

　　　　　結局、平成18年４月６日付で、共同相続人は、Ａ社に解除通知をし、４月11日に、手付金の倍額である3,400万円を支払って、契約を解除しました。

山　川　　それって、結局、手付解除っていう契約条項に従ってされた解除なんじゃないの？

春　香　　手付解除の条項は、引渡期日までは、となっていて、当初平成18年４月末日だった期日が、３月16日に変更されているんですよね。なので……。

山　川　　あぁ、そっかぁ……。

法定申告期限前の契約解除と国税通則法の規定

山　川　　この判決は、相続により取得した財産が何かってことが争われたんだよね。

-43-

春　香　　そうです。平成18年3月10日に相続が開始しましたが、平成18年4月6日には、売買契約が解除されましたから、解除の遡及効に基づいて、平成17年12月7日の売買契約がなくなるので、相続により取得した財産は、売買契約の目的となっていた不動産だと、納税者が主張しました。

山　川　　その点についての裁判所の判断を確認しよう。まず、解除の遡及効と国税通則法の関係については、納税申告前（または法定申告期限前）の解除については、国税通則法上、明示的な規定はない。春香さんも、そう言ってたよね。

春　香　　それで、いわゆる後発的事由に基づく更正の請求の場合において、解除権の行使による解除とそれ以外の解除が区別されている理由は、恣意的な解除（合意解除など）による税負担の不当な軽減を防止する趣旨であると解される、と述べています。

山　川　　税負担の不当な軽減を防止する趣旨、かぁ……。そんなふうにいわれると、納税申告前の解除についても同じ、って結論が予想されちゃうよね。

春　香　　そうなんです。現に裁判所は、この趣旨は、納税申告前の解除についても妥当するものであるから、納税申告前（または法定申告期限前）の解除についても、更正の請求の規定に準じて、

　　　　①　解除権の行使によって解除された場合

　　　　②　契約の成立後生じたやむを得ない事情によって解除された場合

に限り、課税関係に影響を及ぼすと解釈すべきである、と判示しました。

山　川　　でもさ、税負担が過大になるから「契約やめるわ」っていうのは、経済的合理性のあることで、とりわけ、やめる時期が、課税期間内だったら、恣意的だとか何とかいわれる筋合いはないけどなぁ。

法定申告期限前の契約解除の効果（一般論）

所　長　　山川くんの言い分も、わかるんだが、この判決は、相続税の課税財産が何であるか、ということについて論じるために、契約解除の遡及効について、事実認定をきちんと行って、厳密な解釈論を展開している、という見方ができるんじゃないかい。

　　　　　法定申告期限前の契約解除の効果ということについてだけを個別に考えれば、もう少し違った見方も出てくるだろう。

春　香　　所長が見せてくださった伊川論文*²⁹は、まさに、その立場ですね。

所　長　　その伊川論文で引用されている東京地裁昭和60年10月23日判決の事件*³⁰は、最終的には最高裁まで争われて、納税者の敗訴が確定するけれども、法定申告期限前になされた合意解除について、「やむを得ない事情」の検討は、やはりきちんとされているんだよな。

　　　　　もっとも、この事件は、納税者とその配偶者が主宰する同族会社とが、昭和54年1月26日に締結した不動産売買契約（補足金付交換契約）を、昭和55年3月14日に合意解除したんだし、その合意解除にしても、第三者間だったら、到底できるはずもない解除だったから、筋の悪い事例ではあったんだがね。

　　　　　けれども、ここで大事なのは、裁判所が、「国税通則法23条1項1号が過誤に基づく過大な申告について更正の請求を認め、また同条2項3号、同法施行令6条1項が一定の要件のもとに、いわゆる後発的事由に

＊29　伊川正樹「相続発生後、法定申告期限前に売買契約を解除した場合の相続税の課税財産」『税務QA』2012年1月号（税務研究会）69ページ
　　「この判示で最も意義が認められるのは、後発的事由に基づく更正の請求の要件として、解除権の行使による解除とそれ以外の解除とが区別されている（通令6①二）趣旨を『恣意的な解除による税負担の不当な軽減を防止すること』として、『その趣旨に反しないような場合には、解除権の遡及効を税法上認める』という解釈を示しているところでしょう。」
＊30　東京地裁昭和60年10月23日判決（TAINS Z147-5624）
　　東京高裁平成元年10月16日判決（TAINS Z174-6373）
　　最高裁平成2年5月11日判決（TAINS Z176-6510）

基づく更正の請求を許している趣旨に鑑みれば、当該所得年度の終了後
その法定申告期限までに成立し、当該所得年度の収入を遡って消滅させ
ることになる合意解除は、当該所得年度確定申告においてこれを反映さ
せ、同収入の不発生を前提とした確定申告をすることが許されるものと
解すべき」といった点だと思うんだ。

　春香くんが最初に言ったように、国税通則法は、あくまでも法定申告
期限後の是正を規定しているんだけれど、法定申告期限前の是正を規定
しなかったのは、逆の見方をすれば、法定申告期限前の是正は、納税者
側でしてくるべき、というか、当然にしてくるだろう、ということなん
じゃないのかな。

山　川　　なるほどですねぇ……。

所　長　　で、どうだい、山川くん。契約内容に解除条項を盛り込むについて
の、いい案は浮かびそうかね？

山　川　　あっ、はっ、いや、ハハハ。2つの判決事例を見て、何だか難しい
なぁ、と思って……。

所　長　　結構、結構。くれぐれも、当事務所の姿勢が疑われるような変な契約
条項にだけは、せんでくれよ。

山　川　　はぁ、所長って意外と他人の言ったさりげない一言を覚えてるんだか
らなぁ……。

春　香　　山川さんの声が大きいからじゃないですか。

山　川　　そんなことはないよ。それより、契約の解除について民法は大きく改
正された、と少なくとも僕は思っているんだけど、税法への影響は少な
いと考えていいのかな。

春　香　　そうですね。契約の解除が民法のルールに則ってされたのであれば、
税務もそれを受けて処理することになりますから。ただ、西中間先生
は、こんな注意点を挙げておられます。

　「たとえば、改正民法では債務者の帰責事由がなくとも解除ができる

とされましたが、軽微な債務不履行の場合にはできない、ということになったため、問題となっている取引で債務不履行が軽微と言えるかの実質的な検討が必要となってきます。」[31]。

山 川	はぁ、なるほどなぁ。でも、軽微かどうかなんてなかなか判断できないよな。いっそのこと、合意解除したほうが楽なんじゃないかなぁ。
春 香	すごい、山川さん！西中間先生と同じこと[32]、言ってます！
山 川	僕も民法学者になれるかも。
春 香	……。

（鹿田）

---

*31　＊2前掲書79ページ

*32　「軽微性の判断が微妙なケースでは、相手方の協力が得られるのであれば、このような一方当事者による解除ではなく、相手方と合意解除を行い、税務上の取扱いを明確にすることも考えられます。」（＊2前掲書79ページ）

第8話

更正の請求以外に、国に対して税金の不当利得を請求できるか

不当利得とは

山　川　春香さん、不当利得についてはどんな例があるのかな。

春　香　税金に関する裁判では、更正の請求とは別に、国に対して不当利得の返還を請求しているケースが見受けられます。

POINT ポイント

不当利得

　不当利得とは、一度債務を弁済した後に誤って二重に弁済したというように、一方に損失を生じた方がこれによって利得を受け、法律がその利得の返還を命じる制度であるが、当事者はこれによって利得返還の債権債務を取得することになる（我妻榮・有泉亨・川井健『民法2 債権法（第三版）』（勁草書房、2009年2月）6頁）。

春　香　以前に調べたことがある、平成24年4月25日の広島地裁判決[33]を覚えていますか。

山　川　ああ、修正申告をして、いったん追加税額を納めて、その修正申告の前年以前の更正処分につき裁判で争って勝ったので、改めて修正申告によって余分に納めた税金を取り返そうとしたけど、ダメだったって事件だよね。

春　香　そうです。あの事件では更正の請求ができる期限はとっくに過ぎてい

＊33　＊8前掲判決（TAINS Z262-11935）

たのですが、事情を知っていた税務署側が自ら職権による減額更正もせず、適切な教示も行わなかったことから、払いすぎた税金について、不当に利得したまま返還していない、として国に対して不当利得の返還の請求をしました。

山　川　不当利得の返還請求権にかかる消滅時効は、更正の請求期限より長く、通常の債権と同様、10年とされていたからね[34]。

春　香　そう、改正された民法では、債権者が権利を行使することができることを知った時から5年間行使しないとき（改正民法166条1項1号）、または、権利を行使することができる時から10年間行使しないとき（同条同項2号）、ですが。

■ 広島地裁平成24年4月25日判決文

（抜粋）

　国税通則法の過誤納金に関する規定は、納付された国税に関し民法の不当利得の特則を定めたもので、過誤納金について民法の不当利得の規定の適用を排除する趣旨であると解するのが相当であるから、本件納付金の返還請求権は、国税通則法56条1項が規定する誤納金の還付請求権に当たるというべきである。

春　香　一方で、この事例では、更正の請求期限内に更正の請求をしておくことが可能だったのだから、この事例の件の修正申告に係る修正申告書の記載について、国税通則法、所得税法等が定めた方法以外にその是正を許さないならば納税義務者の利益を著しく害すると認められる特段の事情があるとは認め難い、ともいっています。

　ということは、国に対する不当利得の返還請求が一律に否定されているわけではなく、納税義務者の利益を著しく害すると認められる特段の事

---

[34]　現行民法167条1項「債権は、10年間行使しないときは、消滅する。」

情がある場合には、国に対する不当利得の返還請求が認められる余地も
ある、と考えられますね。

不当利得の成立要件

① 他人の財産または労務によって利益を受けていること

② 他人に損失を与えていること

③ 受益と損失との間に社会通念上の因果関係があること

④ 受益に法律上の因果関係がないこと

＊出典 三木義一・関根稔・山名隆男・占部裕典『実務家のための税務相談 民法編
（第2版第2刷（補訂））』（有斐閣、2011年）231ページ

（出川・鹿田）

第 2 章

所得税法・
法人税法と
民法の接点

消滅時効の援用、そのとき債権者は？　債務者は？

山　川　　あれっ、これって、マズイなぁ、飲食店のツケは1年間で消えるんじゃなくなったのかぁ……。

春　香　　ちょっと、山川さん、飲食店のツケを踏み倒すつもりだったんですか？

山　川　　そうそう、実は今月ちょっと厳しくて……なんてわけないでしょう、春香さん。今回の民法改正で、消滅時効のところはかなり変わったなぁ、って、条文を眺めていただけですよ。

春　香　　たしかに、現行民法170条と171条の3年の短期消滅時効、172条と173条の2年の短期消滅時効、174条の1年の短期消滅時効の規定は、全て削除されましたね。

山　川　　いったいなぜ、1年から3年までの短期消滅時効は全部なくなったの？

春　香　　1年から3年までの短期消滅時効の規定は、いわば職業別に定められているって感じですよね。

山　川　　たしかに。医者の診療債権は3年、弁護士の報酬は2年、飲食店のツケ、あっいや債権は1年、みたいなね。でも、医者が3年で、弁護士が2年っていうのも、なぜか、よくわからないな。

春　香　　それじゃないですか？！　職業別に短期消滅時効を規定する合理的な理由がみあたらなくなった、みたいな。西中間先生のご説明では、「これらを定めた背景となっている慣習が変化してきたことや、適用範囲に疑問が生じていたため」*35となっています。

山　川　　なるほど。で、消滅時効の規定はどうなったの？

＊35　＊2前掲書37ページ

民法改正　消滅時効

春　香　　はい、10年コースと5年コースの2つになりました。

> 改正民法第166条（債権等の消滅時効）
> 　債権は、次に掲げる場合には、時効によって消滅する。
> 一　債権者が権利を行使することができることを知った時から5年間行使しない
> 　とき。
> 二　権利を行使することができる時から10年間行使しないとき。
> 2　債権又は所有権以外の財産権は、権利を行使することができる時から20年間行
> 使しないときは、時効によって消滅する。　　　　　　　　　　　　　（以下略）

春　香　　改正民法では、債権者が権利を行使することができることを知った
時、これを「主観的起算点」というそうですが、そこからは、5年とい
う短期で消滅時効が完成する、ということになりました。

山　川　　債権者が相手方（債務者）や債権を持っていることを知っているとき
は、10年間は必要ないだろうって感じ？

春　香　　そういうことですね。で、商事債権、つまり商行為により生じた債権
については、商法で5年間行使しないときは時効により消滅するとなっ
ていました（商522）が、この規定も、今回の民法改正により削除され
ることになりました。

民法改正による税務への影響

山　川　　民法の消滅時効の改正は、税務に何か影響がある？

春　香　　消滅時効の援用によって債務が消滅しますから、債権者には損失、債
務者には債務免除の問題が発生します。

山　川　　その点は、以前から同じだよね。所得税と法人税の場合に分けて、整
理してみようか。

消滅時効の援用により債権が消滅した場合の課税関係

		債権者	債務者
所得税法		**事業所得** 債権消滅時に必要経費算入 （所法51②） **譲渡所得** 遡及して収入金額から控除 （所法64①）	総収入金額又は収入金額に計上（所法36①かっこ書、同②） 個人間の債務免除益の認定はみなし贈与
法人税法		債権消滅時に損金算入	債務免除益の益金算入 （法法22②）

山　川　　問題は、消滅時効の起算点や期間が変更されたわけだから、債権の管理を、いままで以上にきちんとできるか、という点だね。

春　香　　はい、関与先には、民法改正のこともお話ししておかなくてはいけませんね。

短期消滅時効廃止にかかる法人税基本通達９−６−３への影響

春　香　　短期消滅時効が廃止されたことで、ちょっと気になるのは、法人税基本通達９−６−３は、そのままでいいのか？　という点です。

法人税基本通達9－6－3
（一定期間取引停止後弁済がない場合等の貸倒れ）
　債務者について次に掲げる事実が発生した場合には、その債務者に対して有する売掛債権（売掛金、未収請負金その他これらに準ずる債権をいい、貸付金その他これに準ずる債権を含まない。以下9－6－3において同じ。）について法人が当該売掛債権の額から備忘価額を控除した残額を貸倒れとして損金経理をしたときは、これを認める。
（1）　債務者との取引を停止した時（最後の弁済期又は最後の弁済の時が当該停止をした時以後である場合には、これらのうち最も遅い時）以後1年以上経過した場合（当該売掛債権について担保物のある場合を除く。）　　（以下略）

山　川　　法人税基本通達9－6－3（1）の1年って点だね。

春　香　　そうです。西中間先生は、取引停止から1年の経過で売掛債権の貸倒れ処理が認められているのは、「現行民法では、『生産者、卸売商人又は小売商人が売却した産物又は商品の代価に係る債権』について2年の短期消滅時効（現行民法第173条第1号）が設けられていることも一つの理由として考えられる」[*36]とおっしゃっています。

山　川　　じゃあ、今回の改正で短期消滅時効が全部削除になったら、法人税の貸倒れ処理も変わるってこと？

春　香　　う～ん、西中間先生は「売掛債権については消滅時効期間が原則として5年に延長されますので、このように1年の経過で貸倒損失を認めることは若干バランスを欠いた処理になってしまうとも思えます。」[*37]とおっしゃりながらも、「本通達は、取引停止から1年も経過すれば、売掛債権の回収はほぼ不可能である、これで貸倒れを認めないのは実体にあっていない、という経験則に基づいたものであると理解されれば、引き続きこのような特例的な取扱いは認められ続ける可能性があります。」[*38]というご見解です。

---

*36　＊2前掲書43～44ページ
*37　＊2前掲書44ページ

山　川　　特例的な取扱いかぁ。１年と５年じゃあ、ちょっと違いすぎるもん
　　　　　なぁ……。

春　香　　あっ！

山　川　　えっ、今度はなに？

春　香　　時効で債権が消滅したら債務者には債務免除益が生じるってことで思
　　　　　い出したんですけど、債務引受の条文ができたんです。

山　川　　それって重要？

春　香　　現行民法に全く規定がなかった点について条文化されたってことは、
　　　　　重要だと思うんです。

　　　　　コーヒーでも飲みながら、一緒にみてみましょうよ。

＊38　＊2前掲書44ページ

Tea Break

民法改正　債務引受

春　香　債務引受については、現行民法には全く条文がないんですが、解釈論としては、併存的債務引受と免責的債務引受と2つに分けて認められてきました。

山　川　併存的っていうのは、結局、債務者の債務は残るんだろうから、僕たちが考えなきゃいけないのは免責的の方ってことだね。

春　香　そうなんです。免責的債務引受が個人間で行われると、債務者に贈与課税がなされる可能性があること、債務者が法人の場合は債務免除益が発生し、判例[39]もあるようです。

山　川　判例があるなら、たしかに無視できないね。そういえば、債務免除益が賞与と認定されて源泉所得税の納税告知処分がされた事件[40]もあったなぁ。

春　香　その判決も大変興味深いんですけど、今回は、民法改正の話をしたいので、ちょっとガマンしていただけません？

山　川　はいはい。で、現行民法になかった債務引受について、改正民法は条文を新設した、だったね。

春　香　はい、第3編債権の第1章総則に第5節債務の引受けという節が設けられ、併存的債務引受（470条、471条）に続いて、免責的債務引受の規定が472条から472条の4まであります。

　　　　　要件効果を規定した472条と、引受人の求償権について規定した472条の3についてのみ、ご紹介しておきます。

---

*39　最高裁平成元年9月21日（TAINS Z173-6356）上告棄却、福岡高裁平成元年3月16日（TAINS Z169-6263）、大分地裁昭和62年4月15日（TAINS Z158-5908）
　　　最高裁平成21年7月31日（TAINS Z259-11257）上告不受理、東京高裁平成20年3月25日（TAINS Z258-10925）、東京地裁平成19年9月27日（TAINS Z257-10791）
*40　広島高裁平成29年2月8日（TAINS Z888-2087）

> **改正民法第472条（免責的債務引受の要件及び効果）**
> 　　免責的債務引受の引受人は債務者が債権者に対して負担する債務と同一の内容の債務を負担し、債務者は自己の債務を免れる。
> 　2　免責的債務引受は、債権者と引受人となる者との契約によってすることができる。この場合において、免責的債務引受は、債権者が債務者に対してその契約をした旨を通知した時に、その効力を生ずる。
> 　3　免責的債務引受は、債務者と引受人となる者が契約をし、債権者が引受人となる者に対して承諾をすることによってもすることができる。
>
> **改正民法第472条の３（免責的債務引受における引受人の求償権）**
> 　　免責的債務引受の引受人は、債務者に対して求償権を取得しない。

山　川　　ん〜〜〜ん、２項がちょっとなぁ。債権者と引受人となる者との契約によって免責的債務引受をすることができて、債務者に通知した時に、その効力、つまり、免責的債務引受契約の効力が生じるってことだよね。

春　香　　そうなんです。債務者の意向は無視されて、免責的債務引受契約が有効に成立し、その結果、はい債務免除益を課税します、ってことにならないのかなぁ……と。

山　川　　春香さん、ちょっとコーヒーでも飲みながらって言ってたけど……。あらためて勉強しないといけないことも見えてきたみたいだね。

（鹿田）

時効による取得と所得課税

第10話

関与先が訴えられる !?

山　川　顧問先で建築業を営む田中さんのところなんだけど……。

春　香　山川さん、また何か問題発生ですか？

山　川　実は田中さんが訴訟を提起されるかもしれないんだ。

春　香　あの温厚で、もめごとが嫌いな田中さんがですか。どうしてですか？

山　川　田中さんが建築関係の資材置き場としている土地なんだけど、10年以上前に売買契約に基づき田中さんが購入したにもかかわらず、登記を前所有者のままにして、名義変更していなかったんだ。

　　　　最近、前所有者が死亡し、相続人がその遺産を調査したところ、被相続人名義の土地で田中さんが使用しているにもかかわらず、賃料の支払いがないということになり、賃貸借契約を新たに結ぶか立退くか、って迫られたんだ。田中さんとしては代金を支払って自分が購入した土地なので当然、これを拒否したところ、相手方は訴訟も辞さないということになったそうなんだ。

春　香　でも、そんな大切な土地なのに、どうして田中さんは名義変更していなかったのですか。

山　川　10年以上前といえば田中さんの事業が軌道に乗り出してしばらくした頃で、事業の拡大を考えていたけれど、税務署に目をつけられるのが怖かったみたい。それで、高額な土地を購入した事実を明らかにしたくなかったので、登記を変更せずにいたそうなんだ。また、前所有者とは個人的にも懇意にしていたので、いつでも名義を変更できると思ってたところ、前所有者が急死してしまったんだね。

春 香	田中さんが10年以上前に契約に基づき購入したと証明できる資料はないのですか？
山 川	それが、契約書も見当たらないし、10年以上も前のことなので、銀行にその時出金した口座の異動状況を証明してもらうこともできないから……。
春 香	それじゃ、訴訟になった場合にはどのように対処するのですか。
山 川	取得時効を主張してはどうかと思うんだけど。
春 香	時効ですか……。所長に相談してみましょう。

時効の規定はどのようになっているか

所　長　　なるほど、取得時効か。まず、取得時効を定めている民法の規定を確認してみよう。この規定は改正がなく、現行どおりだ。

民法第162条（所有権の取得時効）　⇒　改正後も同じ
1　20年間、所有の意思をもって、平穏に、かつ、公然と他人の物を占有した者は、その所有権を取得する。
2　10年間、所有の意思をもって、平穏に、かつ、公然と他人の物を占有した者は、その占有の開始の時に、善意であり、かつ、過失がなかったときは、その所有権を取得する。

山　川　　田中さんは問題の土地を10年以上前に取得していますが、まだ20年は経過していないので、主張するとすれば2項のほうになりますね。

所　長　　そうだね。一般的に2項は短期取得時効といわれている（ちなみに1項は長期取得時効）。2項では1項の要件のほかに「その占有の開始の時に、善意であり、かつ過失がなかった」という要件が付加されているね。これは占有を始めた時にそれが自分のものだと信じており、かつそう信じることに過失がないということだ。

　　　　　　田中さんが実際に契約に基づき購入して、以後、平穏かつ公然と使用していたのであれば、2項の要件を満たす可能性が高いかもしれないね。

山　川　　そうですよね。あっ、所長、ちょっと待ってくださいよ。条文をよく見るとですね、1項でも2項でも「他人の物を占有した者は」とありますが、田中さんの場合、契約に基づく売買により田中さんが購入したと主張しているわけです。

　　　　　　ということは、田中さんは本来その土地は自分のものであると言っていることになりますが、このような主張は民法の「他人の物を占有した

者は」という規定と矛盾することになりませんか。田中さんの場合には、自分の物を時効取得すると言っていることになるような気がしますが。

春　香　そうですよね。自分の物を時効取得するというのも妙な感じがします。

所　長　よく気がついたね。実は時効制度の存在意義については学説でもいくつかあるのだが、次の2つの観点から説明されることが一般的だと思われる。

　　　1つは継続した事実関係の尊重といえるもので、占有等の事実関係が長期間継続している場合には、それを前提として築き上げられた信頼を保護することが社会秩序の安定につながるという考え方。

　　　2つめは証明の困難性の救済ともいえるもので、長期間継続した事実状態は真実を反映する蓋然性が高いから、時効により現在の権利者を確定し、ひいては真実の権利者を保護しようという考え方。

　　　2つめの考え方からすると、自己の物についても取得時効が認められることになる。実際、最高裁昭和42年7月21日判決（民集21巻6号1643頁）や最高裁昭和44年12月18日判決（民集23巻12号2467頁）では、自己の物についても取得時効の主張が可能であることを認めている。特に後者の判例では、今回の田中さんのケースのように、不動産の売主と買主の間でも取得時効を主張できることを認めている。

山　川　それじゃ、訴訟になっても田中さんの主張は認められそうですね。

春　香　えっ、裁判ってそんなに楽観できるものでしょうか。弁護士でもない山川さんがあまり気楽なことを言うのは、どうでしょうか。それよりも当時の売買のことを知っている共通の友人とか、固定資産税の清算やこの間の支払いをどのようにしていたか、などを確認して訴訟になる前に相手の相続人に納得してもらい、田中さんへの登記名義の変更に協力してもらうことが大切ではないでしょうか。

所　長　私もそう思うね。

取得時効があった場合の課税関係

山　川　　仮に田中さんの時効の主張が認められて、問題の土地を時効を原因として田中さん名義に変更した場合には、課税関係はどうなるんだろう。

　　　　　民法144条では、「時効の効力はその起算日にさかのぼる」と規定されているよね。そうすると10年以上前の取得ということになると除斥期間が経過しているということになり、課税問題は発生しないのかな。

春　香　　そんなに甘くないですよ。私法上の法律関係はそうでしょうが、税法は実質で判断されるので、時効を援用したときに課税関係が発生するとされていますよ。

　　　　　次の国税庁のタックスアンサーを見てください。

■ No.1493　土地等の財産を時効の援用により取得したとき

　土地等の財産を時効の援用により取得した場合には、その時効により取得された土地等の財産の価額（時価）が経済的利益となり、その時効により取得した日の属する年分（時効を援用したとき）の一時所得として、所得税の課税対象となります。

【所得の計算方法】

　土地等の財産を時効の援用により取得したときの一時所得の金額は、次のとおりです。

　時効取得した土地等の財産の価額（時価）－土地等の財産を時効取得するために直接要した金額－特別控除額（最高50万円）

　＝一時所得の金額

　※　課税の対象になるのは、この金額を更に1／2にした金額です。

（所法34、36、所基通36─15）

※1　平成30年4月1日現在法令等
※2　出所：国税庁ホームページ「タックスアンサー」

山　川　なんか納得いかないな。例えば、知らないうちに長期間他人の土地を越境して利用していて、その結果、取得時効が認められたような場合には、まったくの無権利の状態から所有権を取得するわけだから、課税関係が発生することも理解できるよね。

だけど、今回の田中さんの場合には資金負担もして現実に購入したわけで、所有権が自分にあることを第三者というか世間に主張するための手段として取得時効という制度を利用しようとしているんだ。

所長が時効制度の考え方でおっしゃった「真実の権利者」ですよね。その「真実の権利者」に対して経済的な利得を得たこととして課税ができるものですかね。

所　長　そうだね。過去に田中さんが契約に基づき取得したものであれば、田中さんは真実の権利者、この場合には真実の所有者ということになる。時効の主張はこれを認めてもらうための最も効率的で確実な手段ともいえるかもしれないね。税は実質に着目して課税すべきものだから、形式だけを見て課税するというのは確かに問題がある、と私も思う。

だが、田中さんの方でも真実の権利者・所有者であったことを認定してもらうための資料をできるだけ準備する必要があるんじゃないかな。例えば、先ほど春香くんがいった固定資産税の清算や支払いの状況や、当時の事情を知る第三者の証言、その他にも田中さんは当事者であり、その時の事情を最もよく知る者なんだから、よく考えれば何か資料があるんじゃないのかな。

山　川　わかりました。裁判だけではなく、税務のことも考えて必要な資料を集める必要がある、ということですね。これからさっそく田中さんを訪問してアドバイスしてきます。

（丸田・鹿田）

第11話 夫婦や親子で住宅ローンを組んだ場合

連帯債務の住宅ローン

山　川　　住宅ローンを組む場合、銀行から夫婦や親子の連帯債務でないと貸せない、といわれることが結構あるよね。

春　香　　はい、確定申告時期の無料相談会場に行っても、そのような相談がたくさんあります。夫1人だけの収入では希望する金額の住宅ローンが組めないとか、借入金の返済期間に比べて年齢が高いので同居の息子を連帯債務者にする、というのが理由ですね。

山　川　　連帯債務の住宅ローンの場合、その住宅の登記はどうなっているの、やはり2分の1？

春　香　　2分の1ずつの持分というものは、あまり見かけません。実際に誰がいくら払うかによって、いろいろな割合になっています。実際の支払金額に合っていないと、贈与税の課税の問題も生じますしね。

山　川　　住宅ローン減税の計算をする場合には、その持分に基づく借入金の負担割合によって計算することになるんだね。

春　香　　そうです。例えば、借入れの都合で、その住宅ローンが夫と妻の連帯債務になっていても、実際にはその借入金の返済はすべて夫がしており、住宅も全体が夫の所有であるなら、住宅ローンの年末借入金の全額を対象にして住宅ローン減税の計算をすることになります。

民法改正　連帯債務

所　長　　連帯債務についても、現行民法は大きく改正されているはずだが、春

香くん、整理してくれるかい。

春　香　はい。まず、履行の請求です。連帯債務の場合、債務者それぞれに対して、その債務の全額を請求することができます（現行民法432条）が、履行の請求の絶対的効力（現行民法434条）を認めないこととしました。改正の理由として、「請求に絶対的効力を認めることは、債権の効力を強化することにつながる一方、他の連帯債務者にとっては、時効が更新されたり、履行遅滞に陥るなど、不利益も大きい。」[41]ことが挙げられています。

改正民法	現行民法
第436条 （連帯債務者に対する履行の請求） 　債務の目的がその性質上可分である場合において、法令の規定又は当事者の意思表示によって数人が連帯して債務を負担するときは、債権者は、その連帯債務者の一人に対し、又は同時に若しくは順次に全ての連帯債務者に対し、全部又は一部の履行を請求することができる。	第432条 （履行の請求） 　数人が連帯債務を負担するときは、債権者は、その連帯債務者の一人に対し、又は同時に若しくは順次にすべての連帯債務者に対し、全部又は一部の履行を請求することができる。
（削る）	第434条 （連帯債務者の一人に対する履行の請求） 　連帯債務者の一人に対する履行の請求は、他の連帯債務者に対しても、その効力を生ずる。

所　長　連帯債務においては、連帯債務者の一人について生じた事由に、他の

---

*41　＊18前掲書135ページ

債務者は影響されないというのが原則（現行民法440条）だから、履行の請求についても、この原則に従うことになったんだね。

春香　はい。

改正民法	現行民法
<u>第441条（相対的効力の原則）</u> 　<u>第438条、第438条第1項及び前条に</u>規定する場合を除き、連帯債務者の一人について生じた事由は、他の連帯債務者に対してその効力を生じない。<u>ただし、債権者及び他の連帯債務者の一人が別段の意思を表示したときは、当該他の連帯債務者に対する効力は、その意思に従う。</u>	第440条（相対的効力の原則） 　<u>第434条から前条まで</u>に規定する場合を除き、連帯債務者の一人について生じた事由は、他の連帯債務者に対してその効力を生じない。

春香　連帯債務者の一人との更改、相殺、混同だけが、絶対的効力を有することとなりました。

最近の裁決例の検討

所長　連帯債務についても、最近の裁判例を調べてごらん。

春香　裁判例ではないのですが、裁決例*42に少し興味深いものがありました。連帯債務による住宅ローンの締結の際、債務者の1人を被保険者とする団体信用生命保険契約が交わされ、被保険者の死亡を事由に支払われた保険金によって住宅ローンの残債の全部が支払われた場合に、被保険者以外の連帯債務者への所得税の課税が争われたケースです。

＊42　平成18年12月15日裁決（TAINS J72−2−14）

■ 平成18年12月15日裁決

（事実概要）

1. 購入した土地の共有者及びその持分はＡ：5/10、Ａの妻Ｂ：3/10、Ａの子Ｃ：2/10で登記された。
2. この土地の購入金額は97百万円余りで、このうち7,000万円についてＡ及びＣを連帯債務者とする住宅ローン契約がＤ銀行との間で締結された。
3. さらに、住宅ローン契約が締結された日と同日において、Ａを被保険者とし、Ｄ銀行を保険契約者（保険料負担者）兼受取人とする団体信用生命保険契約も締結された。
4. 被保険者Ａが死亡し、その死亡を事由に支払われた保険金（残債相当額）が住宅ローンの残債に充当された。

山 川 この住宅ローンの連帯債務者はＡとＣですから、負担割合は5：2ということになりますね。団体信用生命保険契約は、Ｄ銀行が保険料負担者かつ受取人だから、この保険契約そのものについては課税関係がないけれども、結局のところＣは住宅ローンを免れたわけですね。

春 香 しかもこのケースでは、Ａの死亡直前に負担付贈与契約によって、銀行に無断で、住宅ローンの返済義務という負担付きでＡの持分をＣに移転していました。そしてＣはＡの死亡後に家庭裁判所で相続放棄をしました。

山 川 ということは、Ｃひとりが経済的利益を受けた。

春 香 そうです。結局Ｃは、免れた住宅ローンの全額について、その享受した経済的利益はＣの一時所得に該当すると判断されたようです。

山 川 なんだか、策を弄しすぎた感じだね。

春 香 税理士がかかわっていなければいいんだけど、ちょっと心配ですね。

保証債務・連帯保証債務・連帯債務の整理

保証債務	附従性と補充性がともにある。
連帯保証債務	附従性はあるが補充性はない。
連帯債務	附従性、補充性ともにない。

（出川・鹿田）

第12話

保証債務を履行するために土地を譲渡し、求償権が行使不能である場合とは

所得税法64条2項

山　川　　所得税法64条2項の適用には気をつけないといけないね。

春　香　　保証債務を履行するために土地を譲渡して弁済にあてた場合には、譲渡所得の計算上なかったものとみなす、という規定ですね。

> 所得税法第64条（資産の譲渡代金が回収不能となった場合等の所得計算の特例）
> 1　省略
> 2　保証債務を履行するため資産（第33条第2項第1号（譲渡所得に含まれない所得）の規定に該当するものを除く。）の譲渡（同条第1項に規定する政令で定める行為を含む。）があった場合において、その履行に伴う求償権の全部又は一部を行使することができないこととなったときは、その行使することができないこととなった金額（不動産所得の金額、事業所得の金額又は山林所得の金額の計算上必要経費に算入される金額を除く。）を前項に規定する回収することができないこととなった金額とみなして、同項の規定を適用する。

山　川　　そう、求償権が行使不能の場合には、その金額が譲渡所得の計算上なかったことになるけど、求償権が本当に行使不能なのか、そもそもその弁済が本当に保証債務の履行として行われたのか、という点については疑問のあるケースもあるように思う。

春　香　　そうですね。主たる債務者や他の保証人が法律的に破綻していればわかりやすいのですが、事実上回収不能であるような場合には、それを客観的な資料に基づいて説明しないといけませんからね。

山　川　　だよね。そもそも保証債務の履行として行われたのか疑問、というのは、例えば、土地の売却代金を貸し付けて、主たる債務者が弁済したと

認められる場合が考えられるね。

春　香　　所得税基本通達64－5では、他の金融機関からの借入金で保証債務を履行し、その後に土地を売却してその借入金を弁済したような場合には、所得税法64条2項を適用してもいいといっています。でも、土地の売却が先にされて、主たる債務者が借入金により、その保証債務に係る債務を弁済してしまった場合には、保証債務の履行にならないですものね。順番を間違えると、その土地の売却代金に課税されるおそれがある、ということに気をつけないといけませんね。

（借入金で保証債務を履行した後に資産の譲渡があった場合）

所得税基本通達64－5　保証債務の履行を借入金で行い、その借入金（その借入金に係る利子を除く。）を返済するために資産の譲渡があった場合においても、当該資産の譲渡が実質的に保証債務を履行するためのものであると認められるときは、法第64条第2項に規定する「保証債務を履行するため資産の譲渡があった場合」に該当するものとする。

被相続人が借入金で保証債務を履行した後にその借入金を承継した相続人がその借入金（その借入金の利子を除く。）を返済するために資産を譲渡した場合も、同様とする。

（注）借入金を返済するための資産の譲渡が保証債務を履行した日からおおむね1年以内に行われているときは、実質的に保証債務を履行するために資産の譲渡があったものとして差し支えない。

春　香　　それから、主たる債務者が破たん状態であるのを知りながら、所得税法64条の適用ありきで、あえて保証人になったような場合も、とても危険ですね。

民法改正　保証債務

山　川　　ところで、保証債務について、民法は改正されたの？

春　香　　あっ、改正されています。かなり大幅に、というか、新設条項が少な

くありません。

　改正点を全てご紹介するのは難しいので、わたしたち税理士に関係しそうな点を1点、お話しします。

　まず、事業に係る債務についての保証契約の特則というものが改正民法465条の6以下に新設されました。

改正民法第465条の6（公正証書の作成と保証の効力）
　事業のために負担した貸金等債務を主たる債務とする保証契約又は主たる債務の範囲に事業のために負担する貸金等債務が含まれる根保証契約は、その契約の締結に先立ち、その締結の日前1箇月以内に作成された公正証書で保証人になろうとする者が保証債務を履行する意思を表示していなければ、その効力を生じない。
2　以下略

山　川　えっ、なになに、事業のために負担する貸金等債務を主たる債務とする場合の保証は、公正証書を作らなくちゃいけないの？

春　香　はい。「個人的な関係から断りきれずに保証契約を締結した保証人の被害が絶えないことから」[*43]、このような改正がおこなわれたそうです。大事なことは、保証契約そのものは公正証書によらなくても有効ですが、保証債務を履行する意思を明確に表示しておく、という点で、公正証書にする、ということです。

山　川　はぁ、なるほどね。でもさ、僕たちの関与先なんか、社長が保証するのに、いちいち公正証書を作成するとなると大変だなぁ。

春　香　その点は考慮されているみたいですよ。主たる債務者の取締役や、大株主、共同事業者や主たる債務者が行う事業に現に従事する配偶者等が保証人となるときには、公正証書は必要ないみたいです。

---

*43　＊2前掲書84ページ

> 改正民法第465条の9（公正証書の作成と保証の効力に関する規定の適用除外）
>
> 　前三条の規定は、保証人になろうとする者が次に掲げる者である保証契約については、適用しない。
>
> 　一　主たる債務者が法人である場合のその理事、取締役、執行役又はこれらに準ずる者
>
> 　二　主たる債務者が法人である場合の次に掲げる者
>
> 　　イ　主たる債務者の総株主の議決権（株主総会において決議をすることができる事項の全部につき議決権を行使することができない株式についての議決権を除く。以下この号において同じ。）の過半数を有する者
>
> 　　ロ　略
>
> 　　ハ　略
>
> 　　ニ　略
>
> 　三　主たる債務者（法人であるものを除く。以下この号において同じ。）と共同して事業を行う者又は主たる債務者が行う事業に現に従事している主たる債務者の配偶者

山　川　「主たる債務者が行う事業に現に従事している主たる債務者の配偶者」ということは、単なる社長夫人は関係ないって、ことだよね。

春　香　主たる債務者が会社で、社長夫人が役員等でも大株主でもない場合や、主たる債務者が個人事業主で、その配偶者が現に事業に従事していない場合は、この適用除外の射程外となります。

福岡地裁平成23年11月11日判決

春　香　所得税法64条2項の適用に関する、福岡地裁平成23年11月11日判決[44]は、知っておく必要があります。このケースでは、他の連帯保証人への求償権の有無や、清算中の会社の未払報酬や未払税金に係る債務の弁済についてが争点になっています。

---

[44]　福岡地裁平成23年11月11日判決（TAINS　Z261-11807）

山　川　というと……。

春　香　まず、他の連帯保証人に対して、支払能力がないとしてした求償権の放棄は認められませんでした。取締役で、代表者の妻でもあったし、それなりに役員報酬も退職金ももらっていたようですからね。

山　川　債務の弁済については？

春　香　債務の弁済が保証債務の弁済にあたるのか、という点が問題なのですが、民法446条の保証債務及び民法454条の連帯保証債務のほか、所得税基本通達64−4がこれにあたるものとして列挙されていますが、裁判所は通達の列挙は例示にすぎないので実質的に判断しないといけない、としています。

それで、保証債務といえるためには、法律上、他人に帰属する債務について、これを履行する法律上の義務や責任があり、その負担の時点で、将来の履行時に求償権が行使可能と見込まれるものでなければならないといっています。

ですから、他人の債務について責任を負っても、当初から求償権が生じない場合や、当初から求償権が行使不能だと見込まれる場合は該当しないとしています。その上で、清算中の会社の未払報酬や未払税金に係る債務の弁済は保証債務の弁済にはあたらないと判断しています。

保証債務と連帯保証債務

所　長　保証債務と連帯保証債務について、違いなどを整理しておいたほうがいいね。

山　川　エーッと。保証債務には附従性と補充性がある。連帯保証債務には附従性はあるが補充性はない、となっていますが、なんだかよくわかりませんね。

所　長　保証債務にも連帯保証債務にも、附従性があるといっているね。つま

り、どちらも主たる債務の存在が前提ということだ。例えば、主たる債務が成立していなかったり、無効だったり取り消された場合には、保証債務や連帯保証債務も同じ扱いになる。

山　川　補充性には違いがあるのですね。

所　長　そうだ、補充性とは主たる債務を補充する性質のことをいっていて、保証債務は主たる債務を補充するためにするのだから、まずは主たる債務者に請求してくれ、といえる（催告の抗弁権）。また、主たる債務者の財産から執行してくれ、といえる（検索の抗弁権）。

山　川　なるほど、債権者にとっては少し面倒ですね。

春　香　そこで、債権者は主たる債務者と保証人とが連帯して債務を負担してくれれば、回収しやすいほうから回収できる、というわけですね。

　　　　今回、連帯保証のところも改正がありますから、注意が必要です。

山　川　えっ、なに、それ。

春　香　連帯保証の場合は、連帯保証人に対して履行の請求をすると、その効果は主たる債務者にも及びました（現行民法458条による434条の準用）。

　　　　したがって、連帯保証人に対して裁判上の請求を行うか、催告をして6か月以内に裁判上の請求を行うことにより、主たる債務者の債務も時効が中断しました。また、連帯保証人が履行遅滞に陥ると、主たる債務者も履行遅滞に陥ったものとして取り扱われていました。

山　川　ふーん、それって問題？

春　香　あら、例えば、主たる債務者が履行の準備をしていたのに、債権者が先に連帯保証人に請求したばっかりに、主たる債務者は履行遅滞に陥ることになると、それってどうよって思いません？

山　川　あぁ、そりゃあそうだね。

春　香　で、改正民法では、準用条文の範囲を縮小することによって、連帯保証人に対する法律行為の効果が、主たる債務者に及ばないようにしました。準用条文なのでわかりにくいですが、

改正民法第458条	現行民法第458条
<u>第438条、第439条第1項、第440条及び第441条の規定は、主たる債務者と連帯して債務を負担する保証人について生じた事由について準用する。</u>	<u>第434条から第440条までの規定は、主たる債務者が保証人と連帯して債務を負担する場合について準用する。</u>

山　川　ん～ん、いちいち条文を確認するのも面倒だな。

春　香　そうですね。改正民法438条は更改、同じく439条1項は相殺、440条は混同、441条は相対的効力の原則ですから、問題となっていた履行の請求と免除がはずされた、と理解すればいいと思います。

山　川　ということは、債権者が、連帯保証人に対して裁判上の請求を行うか、催告をして6か月以内に裁判上の請求をしても、主たる債務者が負っている主たる債務は、時効の中断、じゃなかった時効の更新はないってことだね。

春　香　はい、債権者は、主たる債務の時効を更新させたいのであれば、主たる債務者に対して、別途、請求をしなければいけません。ただし、債権者が主たる債務者に対して履行の請求をすることにより、時効の完成猶予や更新があった場合、その効果は、連帯保証人にも及ぶ（改正民法457条1項）という点に変更はありませんから、注意が必要です。

（出川・鹿田）

デッド・エクイティ・スワップ（DES）と混同

デッド・エクイティ・スワップ（DES）とは

山　川　こ、こ、これは、なかなか手ごわい！

春　香　山川さん、何が手ごわいんですか？

山　川　あぁ、春香さん、いやぁ、オーナー社長が、自分の会社に対して持っている貸付金債権を何とかできないかなぁ、と考えてたら、デッド・エクイティ・スワップというのを見つけちゃってさぁ、おぉ、これは！と喜んだのも束の間、結構、厄介なんだね。

春　香　デッド・エクイティ・スワップですか。法人の債務（デッド）を、法人の資本（エクイティ）へ交換（スワップ）するって意味なんですよね。

山　川　そう。まぁ、僕にとって、名前はどーでもいいんだけど、税務上、法人に債務消滅益が生じるから、繰越欠損金がある場合はいいけど、ない場合は使えないんだよなぁ。

春　香　あら、社長からの借金を何とかしたいって会社なら、たいていは繰越欠損金が、ドワーッと溜まってるんじゃないんですか？

山　川　いや、ま、ま、そうなんだけど、債権の価額をどうするか、という問題もあるし、やっぱ手ごわいよ。

春　香　そうですねぇ、山川さんのおっしゃる気持ちも、わかるような気がします。

　　そもそも、デッド・エクイティ・スワップ、面倒くさいからDESって言っちゃいますけど、要するに、債務を株式化するということについて、会社法には、直接の規定がないですものね。

だから、①債権者が債権を会社に対して現物出資する、②混同により会社の債務を消滅させる、③会社が債権者に対して現物出資された債権に相応する株式を発行する、という、すでに存在する制度を組み合わせる、みたいな方法でしか、DESを実現しようがないわけですから。

山 川 でもさ、企業再生の手法として、DESって、結構、使われてるよね。なのに、DESそのものの法制度がないって、どうなんだろう。

春 香 そうですね。

タインズに、ちょっと面白い判決が紹介されているんですよ。確認してみませんか。

山 川 うん、いいけど、判決文を読む前に、争点を簡単に説明してね。

東京地裁平成21年4月28日判決*45

春 香 簡単に、と言われると、結構、難しいんですけど、

この裁判で、原告（納税者）は、DESは一の取引行為であって、全体として法人税法22条5項の資本等取引になり、債務消滅による消滅益は発生しない、DESを行うために現物出資の形式を借用していただけで、現物出資そのものではないし、平成12年頃に東京地裁商事部が現物出資対象債権の評価について券面額を採用することを明らかにしていた、と主張しました。もっといろいろ言っていますが、とりあえず。

これに対し、課税庁は、DESは、①現物出資、②混同による債務の消滅、③新株発行と引受け、という各段階の過程を経る必要があり、それぞれの段階において、各制度を規律する関係法令の規制を受けることになる、として、①現物出資においては、現物出資の目的となる債権の

---

*45　東京地裁平成21年4月28日判決（TAINS Z259-11191 棄却）、控訴審：東京高裁平成22年9月15日判決（TAINS Z260-11511 棄却）、上告不受理：最高裁平成23年3月29日決定（TAINS Z261-11656）

評価を券面額ではなく「時価」によるべき、②混同も、税務上は、法人税法22条2項にいう資本等取引以外のその他の取引、すなわち損益取引だから、債務消滅益を益金の額に算入することになる、と主張したのです。

山　川　ハァー、一の取引行為か複数の制度に分解できるかってこともあるけど、要するに、現物出資のところで債権の評価をどうするかってことも問題だったんだね。

　　　　でもさ、今の法人税法では、例えば、62条の4第1項なんか、適格現物出資による資産等の譲渡は、直前の帳簿価額による譲渡って明記されているよね。

春　香　そうです。この判決に係る事例は、その平成18年度税制改正以前の事例だったんですけど、裁判所は、

　　　　「会社法及びその制定に伴う法人税法の改正は、DESに係る現物出資対象債権の評価について、従来は両法制の関係を含めて解釈上の疑義があったことを前提とした上で、会社法制上の手続においては券面額によることを、税法上の法人税の課税においては評価額によることをそれぞれ明らかにすることによって、券面額と評価額の議論について立法的解決を図ったものとみることができる。」[46]

　　　　って言ったんです。

山　川　ゲーッ、今の言い方だったら、現物出資対象債権の評価について、法人税法は規定を置いてなかったけど、今も昔も券面額ではなく評価額だったよ、ってことにならない？

春　香　そうです！山川さん、そのとおりなんです！

山　川　……。

春　香　せっかくですから、事実関係を確認しておきましょうよ。

---

[46]　東京地裁平成21年4月28日判決（TAINS Z259-11191）

山 川　うん、いいけど。うわっ、何だか、ややこしそう。

春 香　DESの部分に限って、見てみましょう。

　　　原告は、株式会社で、代表取締役甲。原告の株主構成は、甲が56%、有限会社Cが44%です。この有限会社Cというのが、DESの相手方なんですが、有限会社Cの代表取締役は、原告と同じ甲で、その全株式を有限会社Dが保有しています。そして、この有限会社Dの株主構成は、甲が60%、甲の長女が40%なんです。要するに、原告と有限会社Cは、完全支配関係にあります。

　　　DESによって、有限会社Cは、最終的に、原告の株式の71%を保有することになり、完全支配関係が継続されます。

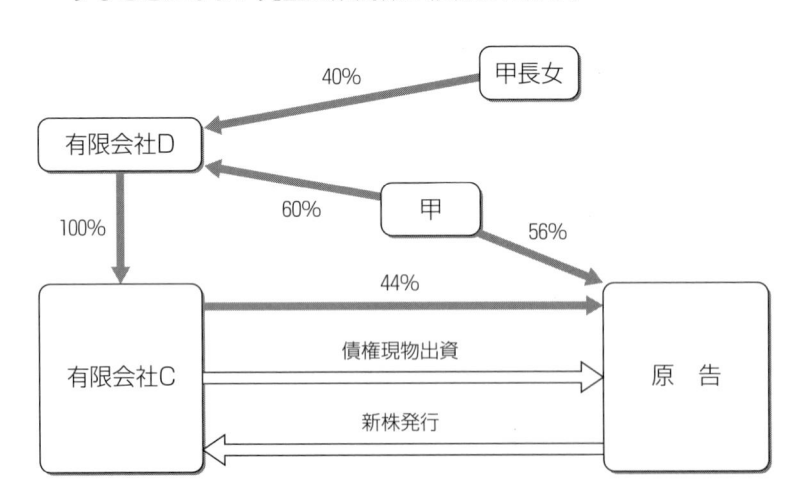

　　　原告は、当初、H株式会社というところから、3回に分けて総額5億円を借り入れたのですが、この債権は、H株式会社から、有限会社Iへ、そして、ドイツ銀行へと譲渡されます。

　　　有限会社Cは、平成14年11月7日に、ドイツ銀行と債権譲渡契約を締結し、元本残高4億3,044万2,435円の貸付債権を1億6,200万円で譲り受けます。

山　川　　４億3,000万円余の債権が１億6,200万円とは……。

　　　　　で、有限会社Ｃと原告とは、新株引受に関して合意かぁ。

春　香　　そうです。普通株式80万株、１株の発行価額は538円、このうち資本
に組み入れない額を28円として原告が発行します。有限会社Ｃは４億
3,040万円の債権を現物出資することによって、この新株を引き受け
る、というのが合意内容です。

山　川　　538円×80万株は、４億3,040万円、あぁ、ピッタリ！

春　香　　あっ、念のためですけど、原告は、旧商法280条の８第１項に基づい
て、東京地方裁判所に検査役の選任を請求しました。検査役からの調査
報告書では、貸付債権の存在と、その価額が４億3,040万円を下らない
こと、これに対して１株の発行価額を538円とする株式80万株を割り当
てることは妥当とされていました。

　　　　　原告は、長期借入金４億3,044万2,435円を減少させ、資本金４億円、
資本準備金3,044万円、雑収入４万2,435円を計上したのです。

```
（借）長期借入金　430,442,435円　　（貸）資本金　　　　400,000,000円
　　　　　　　　　　　　　　　　　　　　　　資本準備金　　30,440,000円
　　　　　　　　　　　　　　　　　　　　　　雑収入　　　　　　42,435円
```

春　香　　あれっ？　これって変じゃないですか？　金額が合わない！

山　川　　高裁の判決で訂正されてない？

春　香　　あっ、ほんとですね。3,044万円を3,040万円に改めるとなっていま
す。でも、資本金に組み入れない金額も、28円ではなく、38円ですよ
ね。

山　川　　それは、そうだったことにして、先に進もうよ。

　　　　　課税庁は、債務免除益は42,435円じゃないって言ったんだろ。

春　香　　あ、はい。

　　　　　原告と有限会社Ｃは、DES の前後を通じて完全支配関係にあるか

ら、有限会社Ｃが行った現物出資は、法人税法２条12の14号にいう適格現物出資にあたり、同法62条の４第１項により、当該適格現物出資の直前の帳簿価額による譲渡をしたものとして、所得の金額を計算する、と主張しました。

　要するに、有限会社Ｃの債権の帳簿価額は、ドイツ銀行から取得した価額１億6,200万円ですから、原告の債務免除益は、２億6,884万2,435円になります。

山　川　まぁ、今の法人税法じゃあ、確かにそうなるわな。

春　香　でも、裁判所は、平成18年改正の前後で、課税庁が取扱いを変更した事実はない、としています。

山　川　うん、さっきの言い方でね。でも、何かこう、今ある条文を見てから、あのときもそうでしたよ、って言っているような気がして、ちょっとなぁ……。

混同って何？

山　川　ところで、僕としては、DESを分解したときに２番目に出てきた、混同による消滅、っていうのがよくわからないんだけど、これって何？

春　香　混同っていうのは、債権の消滅原因のひとつです。債権の消滅原因として、最もわかりやすいのは弁済ですよね。

山　川　債権の消滅原因のひとつかぁ。債権の消滅原因として知っているのは、弁済、代物弁済、免除、あと相殺もそうかな。

春　香　ですね。ちなみに、弁済、代物弁済、相殺、更改については改正点がありますね。

山　川　ちょっとそれはおいておくことにして、今は、混同の話。

春　香　はい。混同っていうのは、債権と債務とが同一人に帰属することをいうのです。

山　川　あっ、そういえば思い出したぞ。

　　　　以前、息子が親父から借金してて、親父に相続が発生したときに、親父が持ってた貸付金は、その息子が相続することにしないと、兄弟間で貸借関係が生じることになるから……とかって、アドバイスしたなァ。

所　長　山川くんの借金踏倒しの法理だな、ハハハ。

山　川　あっ、所長、借金踏倒しの法理はないでしょう。

所　長　いやいや、悪い悪い、せっかく民法の勉強をしていたのに、邪魔したね。春香くん、混同だったね。

春　香　あ、はい。混同ですが、債務者が債権者を相続した場合とか、あと、債権者たる会社が債務者たる会社と合併して、債務者が債権を譲り受ける場合などに生じます。

山　川　はぁ～ん、で、混同の効果は債権消滅、だよね。

春　香　はい、民法520条本文は、

　　　　「債権及び債務が同一人に帰属したときは、その債権は、消滅する」となっています。ちなみに、混同の条文は改正されていません。

山　川　はい、改正点なし、と。ん？　520条本文？

春　香　はい、520条には、ただし書がついていて、

　　　　「ただし、その債権が第三者の権利の目的であるときは、この限りでない」となっています。

山　川　第三者の権利の目的ねぇ……。まぁ、その辺はいいことにして、混同って取引なの？

春　香　いえ、民法上、混同はひとつの事実であって、行為ではない、とされています。

山　川　だよなぁ。債権譲渡の部分は、売りましょう・買いましょうという意思表示なしには成立しないから取引と言わざるを得ないけど、債権譲渡の結果、債権債務が同一人に帰属することになったっていうのは、まったく別の現象としか言いようがないよなぁ……。

春　香　　先の判決で、原告（納税者）も、その部分は強調しました。

　　　　「法人税法22条2項にいう取引は、税法上明確な特則が法律によって定められていない限り、民商法等の他の法分野で定める取引と同義に解さなければならず、民商法上、混同は、人の精神作用を要件としない法律事実である事件であって、取引に当たらない」って。

山　川　　そうだろうなぁ。

　　　　けど、裁判所は、「法人税法22条2項の規定の性質上、同項の『資産の販売、有償又は無償による資産の譲渡又は役務の提供、無償による資産の譲受け』は『取引』の例示であり、同項の『その他の取引』には、民商法上の取引に限られず、債権の増加又は債務の減少など法人の収益の発生事由として簿記に反映されるものである限り、人の精神作用を要件としない法律事実である混同等の事件も含まれると解するのが相当である」って言ったんだよな。

　　　　裁判所が言ってることの前段、つまり、「資産の販売、有償又は無償による資産の譲渡又は役務の提供、無償による資産の譲受け」が取引の例示だっていう部分は、まったくそのとおりで納得だよ。

　　　　後段のところで、確かに混同によって債務は減少して、そのことについては簿記に反映されるんだけど、取引でないものを、税法上は取引ですって、言い切ってしまうんだからなぁ……。

春　香　　あら、でも、山川さんは、法人税法に規定が設けられた以上は、どうしようもないなって思っているんでしょ。

山　川　　確かに、そうだけど、トホホ。

（鹿田）

第14話 所得税法58条と民法上の交換契約

遺産分割の失敗？！

山 川　だから、その遺産分割の方法は、まずいんじゃあないですか？って言ったのになぁ……。

春 香　山川さん、また何か問題発生ですか？

山 川　マタ、っていう言い方は、ちょっと引っかかるけど、去年の暮れに、相続税の申告をした西山さんのところ、姉と妹が、相続した土地を交換したいって言い出したんだよ。

春 香　実質的には遺産分割協議のやり直し、みたいな話ですね。

山 川　そうなんだよ。分割協議の際に、税法上は、分割協議のやり直しは認められませんから、よく話し合って、ってことを強調したからね。強調しすぎたのがマズかったのかなぁ、交換なんだからいいでしょ、って言われて……。

所得税法58条（固定資産の交換の場合の譲渡所得の特例）

春 香　山川さんの悩みは、一口に"交換"といっても、税金がかかる場合がありますよ、ってことですよね。

　　　　普通の人は、自分の持っている物と、相手の持っている物とを、自分たちは同じ価値だと思っているので、お金のやり取りなしで物だけを渡せば、それが"交換"だと思ってる。

　　　　仮に、価値というか価格に差額があれば、その差額分を払えばいい、それだけのことだ、ってね。

山　川　そうそう。ところが、僕たち税金にかかわっている者は、"交換"と言われると、条件反射的に所得税法58条の規定を思い浮かべる。

所得税法58条は、

① 　1年以上有していた固定資産で

② 　相手方が1年以上有していた同種の固定資産と交換し

③ 　交換により取得した資産を、交換により譲渡した資産の譲渡の直前の用途と同じ用途に供した場合

に、譲渡資産の譲渡がなかったものとみなす。

春　香　ただし、相手方の有していた資産が、交換のために取得したと認められる場合は、この特例は使えませんし、交換する資産相互の差額が、高いほうの価額の2割に相当する金額を超えている場合も、この特例は使えません。

山　川　西山さんのところは、双方の所有資産が相続物件だから、1年以上所有という条件はクリアしているし、交換のために取得、というのもあてはまらないよな。今になって、お互いが「あっちのほうがいい」って言い出したんだから。どっちの土地も雑種地だしなぁ……。

春　香　じゃあ、時価に差があるってことですか？

山　川　普通、この手の問題って、たいていはそこでしょう！

民法上の交換契約

春　香　ちなみに、民法には、交換に関する規定は586条しかありません。

山　川　エッ!?　民法には、交換の規定がたった1条だって!?

春　香　そうです。民法586条1項は、交換は「当事者が互いに金銭の所有権以外の財産権を移転することを約することによって、その効力を生ずる」。

山　川　はぁ、互いに金銭の所有権以外の財産権を移転する、かぁ……。ちなみに、1項っていったってことは2項がある?!

春　香　　２項は「当事者の一方が他の権利とともに金銭の所有権を移転すること
　　　　を約した場合におけるその金銭については、売買の代金に関する規定
　　　　を準用する」です。

山　川　　金銭の授受がある場合は、売買の規定を準用する、かぁ……。
　　　　まぁ、そうなんだよな。税法上も、自己の所有に係る不動産を売却し
　　　　て、その売却代金でもって相手方の所有に係る不動産を取得した、たま
　　　　たま同額だったから金銭の授受を省略した、ってことで、基本的には譲渡
　　　　所得の課税の対象となる。ただ、一定の要件を満たす場合は、課税を繰り
　　　　延べるってだけだからなぁ。交換については、民法の改正はない、よね。

春　香　　はい。ありません。

所　長　　君たちの話を聞いていると、「岩瀬事件[47]」のことを思い出すねぇ。

岩瀬事件

山　川　　岩瀬事件！

所　長　　山川くん、まさかもう「岩瀬事件」のことを忘れたわけじゃないだろ
　　　　うな。

山　川　　お、お、覚えてますよ。ただ、あれは、租税回避絡みの事件で……。

所　長　　いきなり租税回避か。マァ、いいだろう。要するに、私法上、売買な
　　　　のか交換なのか、という点が問題となって、通常なら交換という法形式
　　　　を選択するところを、あえて売買と構成することによって、税負担を免
　　　　れる結果を導いたのではないか、少なくとも課税庁はそのように考え
　　　　た、という事件だったね。

春　香　　譲渡資産も取得資産も賃借権部分があったり、譲渡資産には居住用部
　　　　分と事業用部分があって、バブル時代の東京都内の話ですから金額も大

---

[47]　東京高裁平成11年6月21日判決（TAINS　Z243-8431）

きくて……。

あの事件は、相続税についても争われていて、今は廃止になった相続開始前3年以内に取得した土地等に係る相続税の取得価額課税の特例（平成8年度改正前の租税特別措置法69条の4）の適用がありました。

所　長　そうだったね。

山　川　僕は、納税者の婆さん側が、代替土地及び建物を取得して、税金も払って、なおいくばくかの余剰資金が残るようにしろ、っていったことが印象に残ってますね。

春　香　納税者の婆さん、だなんて、言い方に気をつけてください（怒）！

でも、文字どおり、その点が問題になったわけですよね。取得資産の取得価額を逆算したのではないか、だからこそ、譲渡資産の売買契約と取得資産の売買契約及び差金の支払いとは、不可分一体の補足金付交換契約だと認定されてしまった。

山　川　でも、裁判所は、婆さん、じゃなかった納税者側の主張を認めたんだからな。

所　長　山川くん、結論だけでなく、結論の決め手となった裁判所の判断を言ってくれないと。地裁と高裁で判断が分かれていたからね。

山　川　あっ、はい。地裁も高裁も、納税者と相手方との取引の実質に、より適合した法形式は補足金付交換契約であって、この法形式を採用しなかったのは、納税者の譲渡所得に対する税負担の軽減を図るためであった、というところまでは同じでした。

ですが、高裁は、税負担の軽減を目的として、より迂遠な法形式を選択することが許されない、とすべき根拠がない、といいました。両者、つまり納税者と相手方ですが、その両者の真実の合意が補足金付交換契約であるにもかかわらず、この真意を隠ぺいするために各別の売買契約と代金相殺の合意があったものとして仮装した、という場合にあたらない、というか、仮装とすることが困難だ、としました。

所　長　　そうだね、で？

山　川　　エッ？　で？

春　香　　課税庁には、法律の根拠なしに、当事者の選択した法形式を通常用い
　　　　　られる法形式に引き直し、それに対応する課税要件が充足されたものと
　　　　　して取り扱う権限がない、として、処分を取り消したわけです。

所　長　　そうだね。まっ、西山さんのところの件は、遺産分割協議のやり直し
　　　　　を隠ぺいするために交換する、というのじゃないんだろうからね。

やはり遺産分割の失敗なのか?!

山　川　　あっ、えっ、そういう流れですか。違いますよ。

春　香　　アハッ、私もそんな流れだとは思わなかったわ。

山　川　　まったく、所長は、ときどき、とんでもないこと言い出すんだから。

春　香　　マァね。でも、所得税法58条は、しょせんは課税の繰延べじゃないで
　　　　　すか。交換のときにキャピタルゲインを清算するか、交換により取得し
　　　　　た資産を譲渡するときに清算するか、いずれにしても、いつかは税金を
　　　　　払うってことでしょう。

　　　　　　今なら、譲渡所得の計算において、租税特別措置法39条の適用がある
　　　　　し、いっそのこと、税金、払ってもらえばいいんじゃないですか!?

山　川　　あぁ、相続税額の取得費加算か。いいこと聞いた。ちょっと計算して
　　　　　みるわ。今なら2人とも、まだカネは持ってるしね。

所　長　　おいおい、山川くん、そんな簡単に、春香くんの提案に乗っていいも
　　　　　のかね？　西山さん姉妹の場合、双方の土地の時価によっては、かなり
　　　　　の税額になるんじゃないのかい？

山　川　　あぁ〜、さすが所長。そうでした。はぁ〜、また考え直しかぁ……。

所　長　　まぁ、しっかり考えて、間違った提案をしないでくれよ。

（鹿田）

第15話

「組合」に関する課税関係

携帯電話のアンテナ設置料を申告せよ！

山　川　携帯電話のアンテナ設置料って、結構、もらえるんだなぁ。

春　香　エッ、何ですか？

山　川　いやさ、以前、相続税の申告を依頼されて、しばらくご無沙汰になってた坂本さんなんだけど、

春　香　えぇ、覚えています。たしか、お姉さんのマンションの近くの別のマンションに引っ越されたんですよね。

山　川　そうそう、で、マンション管理組合の理事長してるんだって、1年だけだけど。

春　香　あらま、大変。

山　川　そう、まさしく大変なんだよ。なんでも、彼女のマンションの屋上に、携帯電話のアンテナが立ってて、設置料として年間400万円近くが、管理組合に入ってくるんだって。

　　　　で、つい最近、税務署から「申告してください」って。彼女は、指導っていわれたって言うんだけど、3年分だって。

春　香　で、山川さんにお願いします、って言われたんですか？

山　川　あ、いやいや、管理組合とは別に、マンションの管理会社っていうのがあって、そこの関与税理士が、やってくれるんだって。

　　　　マンションの管理組合っていうのは、いわゆる人格なき社団だから、この場合は、法人税の申告をすればいいんだよね。

みなし法人

春 香 そうですね。権利能力なき社団の条件は、

① 団体としての組織を整えていること

② 多数決が原則であること

③ 構成員の変更があっても、団体そのものが存続すること

④ 組織内に、代表の方法、総会の運営、財産の管理その他団体として主要な点が確定していること

ですから、マンションの管理組合っていうのは、該当しますよね。

山 川 税法の規定は？

春 香 税法では、法人税法と所得税法に、「人格のない社団等」の定義がありますが、代表者又は管理人の定めがあるもの、となっています。

山 川 そして、所得税法4条で、人格のない社団等は、法人とみなされるわけだ。

ところで、春香さん、民法には、典型契約のひとつに「組合」っていうのがあるでしょ、あれって、何？

民法上の組合

春 香 民法上の組合は、民法667条によると、各当事者が出資をして共同の事業を営むことを約する契約ってことになっています。この出資は、金銭ではなく、労務でもいい、ということになっています。

現行民法には、組合財産が総組合員の共有である（民668）とか、業務の執行の方法（民670）、組合員の損益分配の割合（民674）、組合員の持分の処分及び組合財産の分割（民676）、組合員の脱退（民678・679）、組合の解散事由（民682）など、全部で22の条文がありますが、今回の改正で、たくさんの条項が新設されました。

山　川　　えっ、増えたの。どんな条項が増えたのか確認していくと、泥沼に足を踏み入れたってことになりそうだな。

春　香　　今回の民法改正って、私の全くひとりよがりの感想なんですけど、当事者が多数になる場合、保証債務とか連帯債務とか、そういう場合についての改正が多いように思います。

山　川　　ふーん、ま、それはそれとして、組合の実際の運営については、何か規定があるの？

春　香　　組合の業務の執行は、組合契約によって委任することができるんです（民670②）が、業務を執行する組合員については、委任の規定が適用される（民671）、となっています。でも、670条は大きく改正されていますし、670条の2という条文も新設されました。ここのところは新旧対照表できちんと確認しておきたいと思います。

改正民法	現行民法
第670条 （業務の決定及び執行の方法） 　　組合の業務は、組合員の過半数をもって決定し、各組合員がこれを執行する。 2　組合の業務の決定及び執行は、組合契約の定めるところにより、1人又は数人の組合員又は第三者に委任することができる。 3　前項の委任を受けた者（以下「業務執行者」という。）は、組合の業務を決定し、これを執行する。この場合において、業務執行者が数人あるときは、組合の業務は、業務執行者の過半数をもって決定し、各業務	第670条（業務の執行の方法） 　　組合の業務の執行は、組合員の過半数で決する。 2　前項の業務の執行は、組合契約でこれを委任した者（次項において「業務執行者」という。）が数人あるときは、その過半数で決する。 （新設）

執行者がこれを執行する。 4　前項の規定にかかわらず、組合の業務については、総組合員の同意によって決定し、又は総組合員が執行することを妨げない。	（新設）
5　組合の常務は、前各項の規定にかかわらず、各組合員又は各業務執行者が単独で行うことができる。ただし、その完了前に他の組合員又は業務執行者が異議を述べたときは、この限りでない。	3　組合の常務は、前2項の規定にかかわらず、各組合員又は各業務執行者が単独で行うことができる。ただし、その完了前に他の組合員又は業務執行者が異議を述べたときは、この限りでない。
第670条の2（組合の代理） 　各組合員は、組合の業務を執行する場合において、組合員の過半数の同意を得たときは、他の組合員を代理することができる。 2　前項の規定にかかわらず、業務執行者があるときは、業務執行者のみが組合員を代理することができる。この場合において、業務執行者が数人あるときは、各業務執行者は、業務執行者の過半数の同意を得たときに限り、組合員を代理することができる。 3　前2項の規定にかかわらず、各組合員又は各業務執行者は、組合の常務を行うときは、単独で組合員を代理することができる。	（新設）

民法上の組合の課税関係

山　川　　民法上の組合は、みなし法人じゃないよね。課税関係はどうなってるの？

春　香　　民法上の組合の場合は、組合の収支は、各組合員個人の収支になります。ですから、組合員が個人であれば、暦年、つまり1月1日から12月31日までに確定した収入を、組合員各自の事業所得などの収入金額に計上することになります。

山　川　　暦年計算かぁ。でも、それって、組合の事業年度っていうか、組合の計算期間とズレてたら、やりにくいんじゃないの？

春　香　　所得税基本通達36・37共－19の2のただし書に特例があって、組合事業に係る損益を毎年1回以上一定の時期において計算し、かつ、当該組合員への個々の損益の帰属が当該損益発生後1年以内である場合には、当該任意組合等の計算期間を基として計算することができるんです。

　　　　　でも、これは、あくまでも計算の便宜のための特例であって、組合の収支計算の期間が1年を超える場合は、収支計算の原則に戻って、組合事業の利益または損失の額は、組合員のその年分の各種所得の総収入金額または必要経費に算入することになります（所基通36・37共－19の2本文）。

山　川　　組合の収支を、各組合員に配分することについては、税法は何かいっている？

春　香　　所得税基本通達と法人税基本通達にそれぞれ記載があって、例えば、所得税基本通達36・37共－20には、

　　①　組合の収入金額、支出金額、資産、負債を組合契約による損益分配の割合に応じて組合員に配分して計算する方法

　　②　組合の収入金額、その収入金額に係る原価の額及び費用の額ならびに損失の額を組合契約による損益分配の割合に応じて組合員に配分して計算する方法

③　組合の利益の額、損失の額を組合契約に基づく損益分配の割合に
応じて組合員に配分して計算する方法

となっています。

山　川　「組合契約に基づく損益分配の割合に応じて」ってことは、契約が成
立していれば、各組合員で好き勝手に決められるってことだよね。

春　香　まぁ、そういうことになりますね。

民法では、当事者が損益分配の割合を定めなかったときは、その割合
は、各組合員の出資の価額に応じて定める（民674①）ことと、利益ま
たは損益についてのみ分配の割合を定めたときは、その割合は、利益及
び損益に共通であるものと推定する（民674②）ことしか規定されてい
ませんから。ちなみに、この674条は改正されていません。

アッ、山川さん、何か良からぬことを考えておられます？

山　川　何と失礼な！　そのあたりの点で、紛争になった事例とかないのか
なぁ？って思っただけだよ。

春　香　判決事例として、私が知っているのは、りんご生産組合事件[48]と映画
フィルムリース事件[49]ですね。

山　川　映画フィルムリース事件っていうのは、租税回避とか、「私法上の法
律構成による否認」論とかに出てくるやつでしょ。

りんご生産組合事件って、どんなのだったっけ……。

りんご生産組合事件

春　香　昭和51年２月26日、国営須川総合開拓パイロット事業地内の土地所有
者23名が、土地を出資して組合を設立しました。

各組合員は、<u>出資に係る土地の面積に応じて</u>、出資口数を有するとと

---

[48]　最高裁平成13年７月13日判決（TAINS Z251-8946）
[49]　大阪高裁平成12年１月18日判決（TAINS Z246-8559）

もに、組合経費を拠出していました。

山　川　　出資した土地の面積に応じて、っていうのはおもしろいねぇ。

春　香　　組合設立当初は、出資口数にしたがって、組合員またはその家族が、りんご生産の作業に出役する責任出役義務制が採られていたことにも、特徴があります。

山　川　　あぁ、作業義務かぁ。でも、だんだん守られなくなるんじゃないかなぁ？

春　香　　そうです、どこの社会にも、山川さんみたいな人がいて。

山　川　　コラ、コラ。

春　香　　アハハ、そうではなくて、りんごが成木になるにつれて出役不足日数が増加したり、農家でない組合員が代わりの作業員を依頼することが多くなったりして、一定の熟練者によるりんご生産作業が必要になったんです。

山　川　　だろうね。

春　香　　そこで、昭和59年3月10日の総会において、責任出役義務制を廃止し、管理者、専従者及び一般作業員によって組合のりんご生産作業を行うことを決定したんです。

山　川　　おっ、見えたぞ。

　　　　　組合員の誰かが、専従者だか一般作業員だか知らないけど、作業に従事したことについて、組合から何らかの金銭をもらうんだけど、それが所得税法上、事業所得になるかどうか、ってことだな。

春　香　　ご名答！　組合は、昭和59年の総会において、管理者及び専従者の労賃を組合で負担し、その金額を1日あたり6,000円とすること、一般作業員を雇用した場合は、1日あたり4,500円から5,000円とすることを決めていました。

　　　　　平成元年2月21日の総会において、この裁判の当事者となるAさんが、専従者に選任されるのです。Aさんは、もともと一般作業員として

作業に従事し、労賃の支払いを受けてきましたが、専従者に選任された
ことから、労賃が6,000円に増額されたんです。

山　川　　労賃だったら、給与所得だよね。

春　香　　ほらぁ、また、そういうふうに簡単にィ。でも、結論は給与所得でい
い、ってことになったんです。

山　川　　だろ、だろ！

所　長　　結論を知っておくことも大事なことだが、この事件は、最高裁が破棄
自判したものだから、何がそうなったかも、きちんと理解しておくべき
だな。

　　　　　最高裁は、組合が組合員に対して金員の支払いをする場合、すべてが
利益の分配にあたる、とは考えなかった。そこの根拠は？

春　香　　支払いの原因となった法律関係についての組合及び組合員の意思ない
し認識、当該労務の提供や支払いの具体的態様等を考察して客観的、実
質的に判断すべき、としています。

　　　　　要するに、給与所得とは何かという点について、消費税の仕入税額控
除を受けるために、あえて派遣にした場合の外注費と同じような理屈で
はないでしょうか。

所　長　　そういうことだな。いわば、経済的実態を重視していた。それに対し
て、原審[*50]は、組合と組合員との法律関係を、より重視していた。

春　香　　はい。仙台高裁は、組合は民法上の組合であり法人格を有しないか
ら、Aさんが組合との間に雇用契約を締結しようとすれば、Aさんは一
方で雇用契約の被用者としての立場で、他方では総組合員の1人として
雇用者の立場で雇用契約を締結するということになり、このような矛盾
した法律関係の成立を認めることは疑問がある、といいました。

山　川　　矛盾した法律関係、か。法的関係を重視するか、経済的実態を重視す
るか、難しいなぁ。

＊50　仙台高裁平成11年10月27日判決（TAINS　Z245-8515）

Tea
Break

組合契約の種類と特徴

	民法上の組合	匿名組合	有限責任事業組合
契　約	〔民667〕 ●金銭あるいは労務を出資して、共同の事業を営むことを約する ●官庁への届出不要	〔商535〕 当事者の一方が相手方の営業のために出資し、相手方は営業から生ずる利益を配分することを約する	〔法律*51 1〕 ●営利を目的とする事業を営み、組合員の責任の限度を出資の価額とする契約 ●「有限責任事業組合」という文字使用が義務づけ ●契約書の作成が必要・組合員全員が記名押印する
法人格	〔民675〕 法人格がない	法人格がない	法人格がない
対外取引	●組合員全員の氏名の表記は不要 ●ただし、代表行為であることがわかる程度の表示が必要 ●対外的な債務は組合員各個人が責任を負う	●営業者だけが権利義務の主体として現れる ●出資者が特定されない ●匿名組合員は、第三者に対する権利を取得しない	〔法律12・13〕 業務執行を決定するには、原則として総組合員の同意が必要。ただし、①重要な財産の処分及び譲受け、②多額の借財以外の事項の決定については、組合契約書において、総組合員の同意を要しない旨の定めをすることができる
組合財産	〔民668〕 出資財産と、事業に	〔商536〕 匿名組合員が出資し	〔法律20〕 組合員は、組合財産

---

*51　有限責任事業組合契約に関する法律（平成17年法律第40号）

	よる増減財産が、総組合員の共有	提供した資産は営業者の所有	を自己の固有財産及び他の組合の組合財産と分別して管理しなければならない
業務執行	〔民670①〕組合員の過半数で決することが原則〔民670②〕組合契約の定めるところにより業務執行者への委任が可能	〔商536〕営業者のみが事業の執行権を有する	〔法律14〕組合の常務は、各組合員が単独で行うことができる
財産の分配	〔民674①〕組合の事業によって獲得した損益は組合員の出資額に応じて配分するのが原則	〔商536〕匿名組合員は営業者からの配当と、匿名組合終了時の出資金返還請求権のみを有する	〔法律33〕組合員の損益分配の割合は、経済産業省令で定めるところにより別段の定めをした場合を除き、総組合員の同意により、会計帳簿に記載された各組合員が履行した出資の価額に応じて定める
	〔民676②〕出資者は、組合の清算前に分割請求が可能	〔商542〕匿名組合終了時において、営業者が損失を計上して出資額が減少している場合は、残金のみを匿名組合員に返還すればよい	〔法律34〕組合財産は、分配の日における分配可能額を超えて分配することはできない。なお、分配可能額とは、分配日における純資産価額から300万円（あるいは組合員による出資総額）を控除する金額をいう

（鹿田）

第3章

相続税法と民法の接点

第16話 未収の地代家賃、未分割の財産から生じる収益

未収の地代家賃は相続財産か

山 川　　賃貸用の不動産を持っている人が亡くなったんだけど、準確定申告で不動産所得を計算する場合には、収入金額を日割りにはしないよね。

春 香　　収入金額の計上時期は所得税法36条で権利確定主義が採用されていて、通達[52]でも不動産賃貸収入は原則として、賃貸契約に基づく支払期限到来により計上することになっていますから、通常、日割りにはしませんね。ただ、事業規模の場合には貸付期間に対応して収入金額に計上する方法が認められる場合もあります[53]。

山 川　　同族会社に貸している土地が１つあるだけだから、事業規模ではないにしても、相続開始までに支払期限が到来した賃貸料は被相続人の収入、相続開始後に支払期限が到来したものは相続人の収入、ということになるよね。

春 香　　はい。

山 川　　じゃあ、地代が未収になっている場合、相続財産として計上する地代も所得税と同じように相続開始前に支払期限が到来したものだけを計上すればいいってことだね。

春 香　　そうなります。財産評価通達[54]でも、相続開始時に支払期限が到来している地代について、未収であるものを、その相続開始時の金額で評価するとしていますから。

---

[52]　所得税基本通達36-5
[53]　国税庁個別通達「不動産等の賃貸料にかかる不動産所得の収入金額の計上時期について」(昭和48年11月6日)
[54]　財産評価基本通達208

山 川　ただ、民法89条には、法定果実は、これを収取する権利の存続期間に応じて、日割計算によりこれを取得するとあるので、この規定はどういう意味なのかなぁ、と思って……。

> 民法第89条（果実の帰属）　⇒　改正後も同じ
> 1　天然果実は、その元物から分離する時に、これを収取する権利を有する者に帰属する。
> 2　法定果実は、これを収取する権利の存続期間に応じて、日割計算によりこれを取得する。

所 長　民法では、果実を天然果実と法定果実に分けているね。天然果実といわれて思い浮かぶのはフルーツだが、鶏卵、牛乳、野菜、鉱物など、その元物の本来の性質上、自然に得られる果実のことをいっている。これに対し、法定果実は、元物を他人に使用させる対価として収受されるものをいう。

山 川　天然果実は、それが元物から分離された時に、独立した動産になり、その時にその天然果実を収受する権利のある者に帰属するということですが、問題は、法定果実ですね。

所 長　民法89条2項は、売買のような場合を想定しているのだと思う。例えば賃貸中のアパートを売買した場合、所有権の移転日を境に家賃が日割りされることが取引慣行としてあるね。ダットサン民法*55には、法定果実については権利の帰属を定めたものではなく、収受権利者の内部関係を定めたものと解されるとしている。

　　　つまり、地代の収受権利は支払期日における所有者に帰属するが、その内部関係においては前収受権利者との間で日割りで清算される、ということだ。

---

*55　我妻榮・有泉亨・川井健『民法1　総則・物権法（第三版）』（勁草書房、2008年）120ページ

春　香　支払期日における所有者が原則的には収受権利者ということですから、税法上の収入計上時期の判定の基準である権利確定主義では、支払期限が到来した日に誰の所有か、が問題となる、ということですね。

所　長　そう、そして内部取引として既経過分と未経過分の法定果実が清算され、その当事者間の合意に基づいて清算金を受け取る権利や、その支払うべき負債が生じる、と考えるのが理論的なんだろうと思う。

山　川　なるほど。所有者が変わらず、ただ所得税の期間計算のためだけなら、内部取引による清算は生じないから単純に支払期限の到来による収入計上でいいけど、相続の場合には、相続開始の前後で所有者が異なる場合があるからなぁ。

所　長　相続の場合でも、支払期限の到来している法定果実について、所得税は収入計上することになるし、それが未収であれば相続財産となることは同じだ。あとは、既経過分と未経過分の法定果実がどのように清算されるかに応じて、清算金を受け取る権利や、その支払うべき負債を所得税や相続税に反映させることなる。

　　　ただ、その貸付用不動産を相続した相続人が、次の賃料の収受権利者となるにすぎないのだから、既経過分と未経過分の法定果実を区分して清算することに実益のない場合が多い。だから、現実にはそのような清算はしていないのだと思う。

山　川　そういうことなんですね。

　　　ところで、春香さん、果実については、民法は改正されてないよね。

春　香　はい、民法89条は、そのままです。

未分割の財産から生じる収益

山　川　次は、相続した賃貸不動産が、未分割のまま確定申告期限を迎えたら、不動産所得については、法定相続分で確定申告することになるけ

ど、その後に分割が確定した場合のことについて、確認しておこう。

　法定相続分で確定申告した不動産所得については、その後に分割が確定しても、修正申告や更正の請求はできなかったよね。

春　香　そうです。国税庁のタックスアンサー*56には、「遺産分割協議が調い、分割が確定した場合であっても、その効果は未分割期間中の所得の帰属に影響を及ぼすものではありませんので、分割の確定を理由とする更正の請求又は修正申告を行うことはできません。」とあります。

山　川　遺産の分割の効果は相続開始の日に遡るっていう民法の規定を無視されているようで、僕としては相変わらず気に入らないんだけど、最高裁の判例*57もあったからなぁ。

民法第909条（遺産の分割の効力）　⇒　改正後も同じ

　遺産の分割は、相続開始の時にさかのぼってその効力を生ずる。ただし、第三者の権利を害することはできない。

山　川　あっ、民法909条の改正はないよね。

春　香　民法の相続関係の改正については、2018（平成30）年7月6日、民法及び家事事件手続法の一部を改正する法律（平成30年法律第72号）が成立し、7月13日公布されました。909条の改正はありません。

山　川　そっかぁ、じゃあ、裁判例を確認しておくか。

■ 最高裁平成17年9月8日判決

（事実概要）

1．相続人は被相続人の妻（原告）と相続人の子4人であり、このうちの1人が被告である。

＊56　http://www.nta.go.jp/taxes/shiraberu/taxanswer/shotoku/1376_qa.htm
＊57　最高裁平成17年9月8日判決（TAINS Z999-5054）

2．遺産分割が調わず、家庭裁判所で審判がされ、高裁におけるその抗告審で分割が決定した。

3．相続財産から生じる法定果実について、相続開始時にさかのぼって分割された相続財産を、それぞれの相続人が所有していた場合における分配額に基づき、分配を求める原告に対し、分割確定までの期間の法定果実については、法定相続分に従って分配すべきとする被告らとの間で争いがあり、その争いのある金額を被告が保管していた。

（第1審及び第2審の判決概要）

1．遺産から生じる法定果実は、それ自体は遺産でない。しかし、遺産の所有権が帰属する者にその果実を取得する権利もまた帰属する（民89②）。したがって、遺産分割が遡及効を有する以上、遺産分割により財産を取得した者は、法定果実も相続開始時にさかのぼって取得する。

2．被告は、所得税法においても、遺産分割前の果実について、各相続人に法定相続分に応じて帰属するものとして所得の申告をさせており、本件において、原告、被告を含む全相続人は、そのように所得税の申告を行っていると主張する。しかし、所得税法がそのように定める趣旨は、遺産分割が遅延することにより、誰もが所得税を納付しなくてもよいという事態を避けるための徴税上の措置とみるべきものである。

　実際の納税との相違は事後的に関係者間で調整することができることや未分割遺産に対する課税制度の趣旨及び目的（相法55）等に照らすと、遺産分割前の果実について各相続人に法定相続分に応じて帰属するものとして所得税が申告されているからといって、そのことから直ちに各相続人が相続開始後遺産から生じた果実を法定相続分どおり取得したということはできない。

（最高裁の判断）

1．遺産は、相続人が数人あるときは、相続開始から遺産分割までの間、共同相続人の共有に属するものだから、この間に遺産である賃貸不動産を使用管理した結果生ずる金銭債権たる賃料債権は、遺産とは別個の財産というべきであり、各共同相続人がその相続分に応じて分割単独債権として確定的に取得する。

2．遺産分割は、相続開始の時にさかのぼってその効力を生ずるものであるが、各共同相続人がその相続分に応じて分割単独債権として確定的に取得した上記賃料債権の帰属は、後にされた遺産分割の影響を受けない。

山　川　　地裁、高裁の判決で、徴税上の措置というのは気に入らないなぁ。税法は民法の理屈に合わないことを、徴税上の必要でやっている、っていってるようなもんだよね。

春　香　　そうですねぇ。でも、最高裁では、賃料債権は可分債権だから、当然に分割されて確定的に取得するといっています。だから、所得税の申告の問題だけではなくって、そもそも未分割の期間の賃料収入に係る所得は、所得税の申告どおり分配しないといけないということですね。

山　川　　ということは、未分割のまま確定申告期限を迎えた場合だけじゃなく、確定申告期限までに分割協議が調った場合でも、その分割協議が調うまでの期間に生じた相続財産である賃貸物件の賃料収入は、法定相続分で分配して申告しないといけないということだよな。

所　長　たしかに、理屈の上ではそうなるけれど、必ずしも相続開始日の翌日から遺産分割協議の日までの間の法定果実について、法定相続分で申告しないといけないわけではないように思うのだが、どうだろう。

　　　　その賃貸不動産の相続は、相続開始時から相続人の1人、例えば長男だと相続人全員に了解されていて、賃料収入もその長男が得ていて、その収入を得るための費用の負担もしていて、その所得について他の相続人から分配して欲しいとも言ってこないのなら、その賃貸不動産については、相続開始時においてすでに分割されている、ということにはならないだろうか。

山　川　ああ、たしかに、今のようなケースだと実務的にはそのように考えるべきでしょうね。

可分債権の共同相続についての判例変更

　最高裁は、平成28年12月19日の決定で、可分債権の共同相続について従来の考え方を変更しました。

　最高裁は、昭和29年4月8日の判決以来、預貯金債権のような可分債権は相続開始と同時に法定相続人により各法定相続分に応じて当然に権利を承継するため、遺産分割の対象とはならない、という判断を示してきました。ただし、遺言がある場合と、相続人全員が可分債権について遺産分割の対象とすることに合意している場合については、可分債権は当然には承継されない、としていました。

　遺言がある場合は別として、相続税申告の依頼を受けたときに、遺産分割協議に立ち会うこともありますが、その際、「預貯金債権についても遺産分割の対象とされますよね。」なんて、相続人全員に確認しようものなら、奇異の目で見られるのではないでしょうか。むしろ、相続人全員は、預貯金債権を遺産分割の対象とすることを当然のことと考えている、とい

うのが通常ではないか、と思われます。もっとも、この現実を暗黙の合意があったと解することはできるかもしれませんが。

　銀行実務においても、最高裁の従来の考え方は、必ずしも受け入れられていませんでした。法定相続人の一人が、「遺言はないから、私の法定相続分相当額を払い出してくれ。」と窓口でいったとしても、銀行は各行所定の用紙に相続人全員の署名押印（実印）を要求してきました。弁護士は、裁判をすればいい、といいます。最高裁の判決がある以上、銀行は預貯金の払い出しを拒否する正当事由がないから、と。しかしながら、よほど切羽詰った状況にない限り、あるいは、切羽詰った状況にあればこそ、わざわざ裁判をしてまで自己の法定相続分相当額の払い出しを請求するでしょうか？

　最高裁は、預貯金債権のそれぞれの内容と性質を考慮しつつ、従前の当然分割の立場を変更し、相続人全員の合意がない場合であっても遺産分割の対象とすることを認めました。

　「民法及び家事事件手続法の一部を改正する法律」（平成30年法律第72号、同年7月13日公布）においても、この最高裁の決定と同様の考え方が採用されています。さらに、預貯金債権が遺産分割の対象とされることによる弊害（相続債務の弁済、葬式費用の捻出、相続人の生活費の支弁など）に考慮して、一部分割等の規定も盛り込まれています。

（出川・鹿田）

親族間の使用貸借

第17話

山　川　ウ〜ム、無道路地でいいのかな。

春　香　山川さん、どうしたのですか。

山　川　坂口さんの相続税の申告で、ご自宅の敷地の評価をしているんだけど、無道路地の評価をしてもよいのかどうか迷っているんだ。

春　香　坂口さんのご自宅って、けっこう繁華な通りに面したところにあるんですよね。路線価もそこそこ高い価格で評定されているのではないですか。ところで、どうしてあの立派なご自宅の敷地が無道路地になるのですか。

山　川　外見上は100坪あまりの宅地を自宅敷地として一体で利用しているんだけれども、実はあの敷地は2筆の宅地から構成されていて、道路に面したほうの部分は、今回の被相続人である坂口さんのお兄さんが所有しているものなんだ。

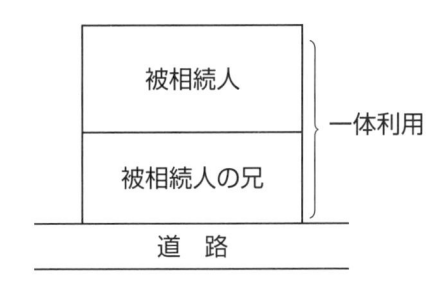

春　香　そうなんですか。でも、どうしてご兄弟間でそのような複雑な所有関係になったのですか。

山　川　僕も過去の経緯はよく知らないんだけれど、坂口さんとそのお兄さんが昭和30年代に先代から相続した時には農地だったそうだ。

　　　　周りにもまだ農地が多い時代で、宅地化することは考えていなかった
　　ようだよ。2筆を1枚の農地としてそのまま使用するつもりで、前面道
　　路部分をお兄さんが、その背後地の少し大きい土地を坂口さんが相続し
　　たらしい。1枚の農地として利用するのであれば、無道路地ということ
　　も特に問題にならなかったんだろうね。

　　　　その後、昭和50年代に坂口さんが自宅を建築する際に双方の農地を宅
　　地化して坂口さんのご自宅の敷地としたみたい。

春　香　　なるほど。その後、そのままで今回の相続が発生したんですね。

山　川　　そうなんだ。

所　長　　山川くん、坂口さんとお兄さんの貸借の関係はどうなっているのか
　　な。賃料の状況とかは、確認しているのかね。

山　川　　一応、何がしかの使用料は支払っておられるようですが……。

所　長　　まずは、そのあたりの事実関係をしっかりと確認する必要があるよう
　　だね。

春　香　　もし、世間相場なみの通常の地代をお兄さんに対して払っておられた
　　のなら、坂口さんはお兄さんの土地に対して借地権を有していた、とい
　　うことも考えられるんじゃないですか。

所　長　　春香くんの言うとおり、仮に建物の所有を目的とした賃貸借に該当す
　　れば、借地権が発生していた可能性も出てくると思われる。

春　香　　その場合、坂口さんの宅地は無道路地に該当せず、2筆の宅地全体を
　　一体で評価して、坂口さん所有の部分は自用地、お兄さんの所有地部分
　　には坂口さんが借地権を有していることになりますね。

山　川　　坂口さんがお兄さんに払っていた使用料というのは、どうも毎年の固
　　定資産税と都市計画税の公租公課相当額のようなんです。この場合にも
　　賃貸借といえるのですか。

所　長　　使用料として支払っている額が公租公課の額以下であれば、賃貸借で
　　はなく、使用貸借に該当することになるだろうね。使用貸借に関する民

法の規定を確認してみよう。

春　香　あっ、所長、使用貸借の条文は改正されています。

> 改正民法第593条（使用貸借）
> 　使用貸借は、当事者の一方がある物を引き渡すことを約し、相手方がその受け取った物について無償で使用及び収益をして契約が終了したときに返還をすることを約することによって、その効力を生ずる。

使用貸借とは

山　川　条文では「無償」とありますが、坂口さんの場合には、一応、公租公課相当額を支払っているのですから、使用貸借にはならないのではないのですか。

所　長　いや、借主が公租公課を負担していても、それが使用収益に対する対価の意味を持つものと認めるに足りる特別の事情のない限りは使用貸借に該当する、という趣旨の判例[58]があるんだ。

春　香　たしかに、昭和48年11月1日付個別通達「使用貸借に係る土地についての相続税及び贈与税の取扱いについて」では、「土地の借受者と所有者との間に当該借受けに係る土地の公租公課に相当する金額以下の金額の授受があるにすぎないもの」は使用貸借に該当することが明らかにされています。

山　川　仮に、使用貸借になるとした場合には、坂口さんの宅地は無道路地になるのでしょうか。無道路地になれば、評価額はかなり下がると思うのですが、それも何か変なような気がします。

春　香　そうですよね、現に坂口さんはお兄さんの土地を利用して不自由なく、公道である前面道路から出入りしているわけですからね。

---

[58]　最高裁昭和41年10月27日判決（民集20巻8号1649頁）

所　長　　そもそも使用貸借は、通常、親子間、親族間、親しい友人間などの特殊な人的関係を基礎として成り立つ関係といえるだろう。だから、民法599条では「使用貸借は、借主の死亡によって、その効力を失う」とされているんだ。

春　香　　所長、そこは改正があり、「使用貸借は、借主の死亡によって終了する。」(改正民法597条3項) です。

使用貸借と相続税評価

春　香　　そういえば、国税庁の質疑応答事例の「宅地の評価単位―使用貸借」では、「使用貸借に係る使用借権の価額は、零として取り扱い、使用貸借により貸し付けている宅地の価額は自用地価額で評価することに留意してください。」とされています。このような取扱いは、使用借権の権利としての脆弱性に基づくものなんですね。

山　川　　その考え方からすると、道路に面した前面宅地部分は坂口さんのお兄さんの自用地ということになり、この部分に坂口さんは考慮すべき権利を有していないということになります。ということは、奥にある坂口さんの宅地は無道路地に該当するんですね。

春　香　　無道路地ということになると、通常の自用地よりも低い評価額になりますね。

所　長　　たしかに相続税の評価は低くすることができると思うけれども、将来のことを考えると、坂口さんの相続人は前面宅地を坂口さんのお兄さん、相続人からすると伯父さんから購入することも考えておいたほうがいいと思うよ。

　　　　　少なくとも、無道路地の状態を解消するための公道に至る通路部分は、売買等で確保しておくべきではないだろうか。

春　香　　相続税の申告書を作成する過程で、将来に影響するような問題が明ら

かになることもあります。

　申告が一段落したら、顧問先と相談しながら、解決策を考えることも必要ですね。

山　川　遺産分割も重要だよね。安易に不動産を複数の相続人間で共有にしてしまうと、将来のトラブルになりかねないよね。

春　香　それと、現実の利用状況を無視した不合理な分割をすると、不合理分割と認定されて、分割前の画地を1画地の宅地として評価しなければならなくなることもあるので、注意しなければいけませんね。

Tea
Break

民法改正　使用貸借

　使用貸借のところは、結構、改正されています。その理由は、何なのか
しら？

　熊谷先生が改正民法593条（使用貸借の成立）のところで解説しておら
れる[59]ように、使用貸借契約は、「無償の契約なので親族関係など特別な
関係のある者の間で行われることが多」かったけれど、「現在では経済上
の取引として使用貸借契約が行われることもあ」る。よって、「現在の取
引社会の下では、使用貸借契約も諾成契約として合意に法的拘束力を持た
せることが必要である。」として、要物契約ではなく諾成契約であること
を明確にするために、593条を改正した、ということになるんだけど……。

　ただ、使用貸借のその他の条文の改正は、解除とか契約の終了とかなの
で、要するに、契約のルールを見直し、明確化する、という今回の民法改
正の目的に即して行われたもの、と理解するべきなんだろうなぁ……。

使用貸借　新旧対照表

改正民法	現行民法
第593条（使用貸借） 　使用貸借は、当事者の一方が<u>ある物を引き渡すことを約し、相手方がその受け取った物について</u>無償で使用及び収益を<u>して契約が終了したときに返還することを約する</u>ことによって、その効力を生ずる。	**第593条**（使用貸借） 　使用貸借は、当事者の一方が無償で使用及び収益を<u>した後に返還</u>することを約して相手方か<u>らある物を受け取ることによっ</u>て、その効力を生ずる。

＊59　＊18前掲書349〜350ページ

第593条の2（借用物受取り前の貸主による使用貸借の解除） 　貸主は、借主が借用物を受け取るまで、契約の解除をすることができる。ただし、書面による使用貸借については、この限りでない。	（新設）
第594条（借主による使用及び収益） 　（略）	**第594条**（借主による使用及び収益） （同左）
第595条（借用物の費用の負担） 　（略）	**第595条**（借用物の費用の負担） （同左）
第596条（貸主の引渡義務等） 　（略）	**第596条**（貸主の担保責任） （同左）
第597条（期間満了等による使用貸借の終了） 　当事者が使用貸借の期間を定めたときは、使用貸借は、その期間が満了することによって終了する。 2　当事者が使用貸借の期間を定めなかった場合において、使用及び収益の目的を定めたときは、使用貸借は、借主がその目的に従い使用及び収益を終えることによって終了する。	**第597条**（借用物の返還の時期） 　借主は、契約に定めた時期に、借用物の返還をしなければならない。 2　当事者が返還の時期を定めなかったときは、借主は、契約に定めた目的に従い使用及び収益を終わった時に、返還をしなければならない。ただし、その使用及び収益を終わる前であっても、使用及び収益をするのに足りる期間を経過したときは、貸

3　使用貸借は、借主の死亡によって終了する。

第598条（使用貸借の解除）

　貸主は、前条第二項に規定する場合において、同項の目的に従い借主が使用及び収益をするのに足りる期間を経過したときは、契約の解除をすることができる。

2　当事者が使用貸借の期間並びに使用及び収益の目的を定めなかったときは、貸主は、いつでも契約の解除をすることができる。

3　借主は、いつでも契約の解除をすることができる。

第599条（借主による収去等）

　借主は、借用物を受け取った後にこれに附属させた物がある場合において、使用貸借が終了したときは、その附属させた物を収去する義務を負う。ただし、借用物から分離することができない物又は分離するのに過

主は、直ちに返還を請求することができる。

3　当事者が返還の時期並びに使用及び収益の目的を定めなかったときは、貸主は、いつでも返還を請求することができる。

第598条（借主による収去）

　借主は、借用物を原状に復して、これに附属させた物を収去することができる。

第599条（借主の死亡による使用貸借の終了）

　使用貸借は、借主の死亡によって、その効力を失う。

分の費用を要する物については、この限りでない。

2　借主は、借用物を受け取った後にこれに附属させた物を収去することができる。

3　借主は、借用物を受け取った後にこれに生じた損傷がある場合において、使用貸借が終了したときは、その損傷を原状に復する義務を負う。ただし、その損傷が借主の責めに帰することができない事由によるものであるときは、この限りでない。

第600条（損害賠償及び費用の償還の請求権についての期間の制限）　契約の本旨に反する使用又は収益によって生じた損害の賠償及び借主が支出した費用の償還は、貸主が返還を受けた時から一年以内に請求しなければならない。	**第600条**（損害賠償及び費用の償還の請求権についての期間の制限）（同左）
2　前項の損害賠償の請求権については、貸主が返還を受けた時から一年を経過するまでの間は、時効は、完成しない。	（新設）

（丸田・鹿田）

地上権と賃借権

第18話　法的相違は？また相続税評価の違いは？

春　香　ウーン、公正証書により契約しているんだけどなぁ……。

山　川　春香さん、さっきから難しい顔して、何を悩んでるの。

春　香　亡くなった青山次郎さんの相続税の申告なのですが、土地の評価で権利関係をどうみるかで悩んでるんです。A市甲町の青山さん所有の土地の上に、ご自身が社長をしておられた青山興産が駐車場をされているんです。

山　川　ああ、その駐車場なら知っているよ。露天式の2階建立体駐車場でしょう。立地条件もよく、いつも満車に近いよね。僕も何回か利用したことがあるよ。

春　香　その土地の評価なんですが、青山興産は土地の上に何らかの権利を有していると考えるべきかどうか……。

山　川　あの駐車場は、いつ頃から営業しているの？

春　香　10年ほど前に青山さんと青山興産との間で土地の貸借が始まり、青山興産が駐車場設備を設けて営業を開始し、今日に至っています。権利金等の一時金のやりとりはないのですが、賃料は適正な額で設定されているようです。

山　川　それじゃ、青山さんが別人格である青山興産に駐車場用地として一団の土地を適正な賃料を徴して貸し付けている、ということで、財産評価基本通達86に基づき賃借権の目的となっている雑種地として評価すればいいんじゃないの。

財産評価基本通達86（貸し付けられている雑種地の評価）

　賃借権、地上権等の目的となっている雑種地の評価は、次に掲げる区分に従い、それぞれ次に掲げるところによる。（昭41直資3-19、平3課評2-4外、平6課評2-2改正）

（1）　賃借権の目的となっている雑種地の価額は、原則として、82《雑種地の評価》から84《鉄軌道用地の評価》までの定めにより評価した雑種地の価額（以下この節において「自用地としての価額」という。）から、87《賃借権の評価》の定めにより評価したその賃借権の価額を控除した金額によって評価する。

　　ただし、その賃借権の価額が、次に掲げる賃借権の区分に従いそれぞれ次に掲げる金額を下回る場合には、その雑種地の自用地としての価額から次に掲げる金額を控除した金額によって評価する。

　イ　地上権に準ずる権利として評価することが相当と認められる賃借権（例えば、賃借権の登記がされているもの、設定の対価として権利金その他の一時金の授受のあるもの、堅固な構築物の所有を目的とするものなどがこれに該当する。）

　　その雑種地の自用地としての価額に、その賃借権の残存期間に応じ次に掲げる割合を乗じて計算した金額

　　　（イ）　残存期間が5年以下のもの　　　　　　　　100分の5
　　　（ロ）　残存期間が5年を超え10年以下のもの　　　100分の10
　　　（ハ）　残存期間が10年を超え15年以下のもの　　 100分の15
　　　（ニ）　残存期間が15年を超えるもの　　　　　　　100分の20

　ロ　イに該当する賃借権以外の賃借権

　　その雑種地の自用地としての価額に、その賃借権の残存期間に応じイに掲げる割合の2分の1に相当する割合を乗じて計算した金額

（2）　地上権の目的となっている雑種地の価額は、その雑種地の自用地としての価額から相続税法第23条《地上権及び永小作権の評価》又は地価税法第24条《地上権及び永小作権の評価》の規定により評価したその地上権の価額を控除した金額によって評価する。

（以下略）

山　川　　契約の内容や設備の状況からすると、上記通達の（1）ロに規定する賃借権、つまり「地上権に準ずる権利として評価することが相当と認められる賃借権」以外の賃借権が設定された雑種地に該当するんじゃないのかな。

春　香　　昨日、相続人に土地利用に関する契約書を提示してもらったのですが、公正証書による契約書で地上権設定契約書となっているんです。

山　川　　地上権か。めずらしいね。一般的には私人間の土地の貸借は賃借権によるものが多くて、地上権は地下鉄、トンネル、橋梁の設置を目的とするものが多いと聞いたことがある。そもそも地上権と賃借権とで法的にはどのような違いがあるのかなぁ。

地上権と賃借権の相違

所　長　　地上権は、他人の土地を一定の目的のために使用・収益することを目的とする用益物権のひとつとして民法265条以下に規定されている。ちなみに、民法が規定する用益物権には、ほかに永小作権（民270以下）、地役権（民280以下）、入会権（民263、294）がある。

　　　　　一方、賃借権は典型契約のひとつである賃貸借として民法601条以下に規定されている。物権である地上権は改正がないが、賃借権は今回、改正されているから、注意が必要だよ。

> 民法第265条（地上権の内容）　⇒　改正後も同じ
> 　地上権者は、他人の土地において工作物又は竹木を所有するため、その土地を使用する権利を有する。
>
> 改正民法第601条（賃貸借）
> 　賃貸借は、当事者の一方がある物の使用及び収益を相手方にさせることを約し、相手方がこれに対してその賃料を支払うこと及び引渡しを受けた物を契約が終了したときに返還することを約することによって、その効力を生ずる。

所　長　　物権は対世的な権利で、物を絶対的かつ排他的に支配する権利といわ
　　　　れている。これに対して債権は対人的な権利で、ある人が相手方に対し
　　　　て一定の行為や給付を請求することができる権利といわれている。もっ
　　　　とも、土地の賃貸借は地上権に近い権利といわれているけれど。

春　香　　具体的にはどのような違いがあるのですか。

所　長　　主な違いとしては、次の点がある。

　　　①　地上権は物権であるので登記請求権があるが、債権である賃借権
　　　　には登記請求権がない。ただし、地主の承諾があった場合には登記
　　　　することができ、登記をした賃借権は第三者に対抗することができ
　　　　る（民605）。

　　　②　地上権は物権の性質から当然に他人に譲渡したり転貸することが
　　　　できるが、賃借権は地主の承諾がなければ譲渡や転貸ができない
　　　　（民612）。

　　　③　地上権について定めることができる存続期間は制限がなく、永久
　　　　の地上権も可能である。賃貸借の存続期間は50年を超えることがで
　　　　きない。これより長い存続期間が定められた賃借権は50年の存続期
　　　　間とされる（民604①）。賃借権の存続期間は更新することができる

が、更新の時から50年を超えることができない（民604②）。

山　川　　地上権と賃借権を比較すると、物権として構成されている地上権は強い権利で、債権である賃借権はそれに比べると弱い権利といえますね。だから、相続税法23条で定めている地上権割合に比べて、それ以外の賃借権の評価に適用される割合はその2分の1となっているのか。

春　香　　地上権は登記することができ、登記すると地主が土地を第三者に売却しても地上権者は新所有者に対抗することができますしね。

山　川　　青山さんの場合も地上権の登記をしているの。

春　香　　地上権の設定契約書では、地上権者から地上権の登記の請求があった場合には、地上権設定者である青山さんに登記申請を行うことを義務づけている条項がありますが、実際に登記はされていません。

山　川　　青山さんと青山興産の間で設定された権利は地上権といえるのかな。このようなケースでは、一般的には賃借権が設定されるよね。

春　香　　私も気になっていたのですが、生前、青山さんは駐車場経営の将来性を高く評価していて、仮に、将来、土地所有者と法人の経営者が別人となっても、ある程度の期間は青山興産が駐車場経営をできるように、あえて地上権を設定したようです。

　　　　　今回の相続では、土地は長男の青山三郎さんと長女の一子さんが共有で相続するようですが、地上権の存続期間中は確実に駐車場経営ができるように今回の相続を契機に地上権の設定登記を行うようです。

　　　　　相続税の評価では問題が生じるんでしょうか？

所　長　　仮に法的に地上権が設定されているにもかかわらず、課税庁がこれを賃借権とみなして評価するためには、相続税法64条（同族会社等の行為又は計算の否認等）に基づくことになるだろうね。

　　　　　過去にこの条文に基づいて地上権を賃借権とみなして評価しなおされた判決もあるが、それらはいずれも地上権の設定に合理性が認められないケースだよ。慎重な検討は必要だけれど、今回の青山さんの場合には

地上権の設定に合理的な理由があると認めてもいいのではないかな。

ところで春香くん、存続期間はどうなっているのかな。

春　香　設定時から30年間です。相続開始時における残存期間は20年と数か月になります。

山　川　それじゃ、相続税法23条に規定する地上権割合は30％だね。自用地の価額から30％相当額の価額の控除。賃借権の設定されている土地の場合には最大でも20％の控除だから、やはり地上権の減額は大きい。特に今回の場合には、仮に賃借権とすると弱い賃借権となるだろうし、最大でも20％の２分の１の10％だもんな。

所　長　ところで、山川くんが担当してくれている甲田さんの相続税だけれど、立体駐車場用地として貸し付けている土地があったね。その土地の契約内容や権利の登記の有無等については、十分に調査してくれているのかな。

山　川　申告期限までまだ間がありますので、これから最終確認をしようとしていたところです。

所　長　地上権のほかにも、区分地上権に準ずる地役権が設定されている場合がときどき見受けられるけど、これらの用益物権は登記事項証明書の乙欄に表示されるため、見落とさないように、十分に注意してほしいな。

POINT ポイント

改正点に注意！

　賃貸借についての改正点は、本文中で601条（賃貸借）、604条（賃貸借の存続期間）を取り上げました。このほかにも賃貸人の地位の移転についての条文の新設（605条の２、605条の３）、賃借人による妨害の停止に関する条文の新設（605条の４）、賃借人による修繕の条文の新設（607条の２）など、改正点は少なくありません。

（丸田・鹿田）

借店舗の造作は誰のもの？

借りている店舗に附属させた造作や設備は
相続税の課税対象にならないのか？

第19話

所　長　山川くん、秋田さんの相続税の申告の進み具合はどうかな。税額の概算額はもう出たかい。申告期限まではまだ余裕があるにしても、納税の準備もあるのでそろそろ税額の概算額はお伝えする必要があるね。

山　川　その件について、実はご相談したいことがあるのですが。

所　長　たしか土地の評価はすべて終了したのだったね。

山　川　土地の評価については、難しい物件もありましたが、春香さんとも相談しながら何とか終わりました。建物のことで気になることがあるんです。

春　香　秋田さんの場合、建物はご自宅の家屋だけではなかったのですか？

山　川　秋田さんは飲食店を営んでおられただろう。その店舗に関することなんだ。

春　香　店舗はたしか借りておられたものですよね。借家権が発生しているんですか？

山　川　あっ、それも検討しないといけないな。

所　長　財産評価基本通達94では、借家権は、その権利が権利金等の名称をもって取引される慣行のない地域にあるものについては評価しないことになっている。借家権の取引慣行があるのは一部の特殊な地域と考えていいんじゃないかな。秋田さんの店舗の場合、借家権を考慮する必要はないだろう。

　秋田さんは借店舗に内部造作や建物附属設備を築造してたんじゃなかったかな。山川くんが気にしているのは、それか？

借店舗に附属させた造作等の評価は

山　川　そうです。秋田さんの青色申告決算書には、かなり高額な建物附属設備や造作が減価償却資産として計上されていますが、これらはすべて賃借している店舗に秋田さんが附属させたものなんです。

春　香　秋田さんがつくった内部造作や附属設備というのは、建物本体から取り外して他に移動できるものなんですか？

山　川　秋田さんの場合、飲食業なんで、飲食店用のガス設備、排水設備や衛生設備がほとんどで、建物本体と一体となっており、その部分だけを取り外して移動するということはできないのが大半なんだ。

所　長　一般的には、飲食業等の店舗はいわゆるスケルトン貸しという形態で、賃借人が自分の店舗に合った内部造作をするという借り方が多いらしいね。秋田さんの場合もそうだろう。

春　香　財産評価基本通達92（1）では、「その家屋と構造上一体となっているものについては、その家屋の価額に含めて評価する」とされています。

　　　　　しかし、秋田さんの場合には、家屋は家主のものなので、家屋に含めて評価するということはできないですよね。そうすると、同92（2）の「門、塀等の設備」に準じて未償却残高の70％相当額で評価するのが妥当なのではないですか。

> **財産評価基本通達92（附属設備等の評価）**
> 　附属設備等の評価は、次に掲げる区分に従い、それぞれ次に掲げるところによる。（平16課評2－7、平20課評2－5外改正）
> （1）　家屋と構造上一体となっている設備
> 　　家屋の所有者が有する電気設備（ネオンサイン、投光器、スポットライト、電話機、電話交換機及びタイムレコーダー等を除く。）、ガス設備、衛生設備、給排水設備、温湿度調整設備、消火設備、避雷針設備、昇降設備、じんかい処理設備等で、その家屋に取り付けられ、その家屋と構造上一体となっているものについては、その家屋の価額に含めて評価する。

（2） 門、塀等の設備

門、塀、外井戸、屋外じんかい処理設備等の附属設備の価額は、その附属設備の再建築価額から、建築の時から課税時期までの期間（その期間に1年未満の端数があるときは、その端数は1年とする。）の償却費の額の合計額又は減価の額を控除した金額の100分の70に相当する金額によって評価する。この場合における償却方法は、定率法（所得税法施行令第120条の2第1項第2号ロ又は法人税法施行令第48条の2第1項第2号ロに規定する定率法をいう。以下同じ。）によるものとし、その耐用年数は減価償却資産の耐用年数等に関する省令（以下「耐用年数省令」という。）に規定する耐用年数による。

(以下略)

山 川　でも、建物と完全に一体となっていて、それだけを処分したりすることができないのに、やっぱり評価する必要があるのかな……。

所 長　評価の前に、そもそもその造作や建物附属設備の所有権は誰に帰属しているのか、という検討が必要だと思うね。

春 香　エッ、秋田さんのものじゃないんですか。秋田さんの資金でつくったものですよね。秋田さんのものであるからこそ、青色申告決算書に減価償却資産として計上されているのではないのですか。

所 長　期間損益という観点からは、秋田さんの資産として計上し、減価償却費を必要経費として計上するのが適正だと思うが、所有権が誰に帰属するのかということは、法律に照らし合わせて判断する必要があると思われる。

山 川　具体的にはどういうことなんですか。

不動産の付合

所 長　民法には、秋田さんの造作や建物附属設備のように不動産に付合した物の所有権の帰属に関する規定があるんだ。確認しておこう。

民法第242条（不動産の付合）　⇒　改正後も同じ
　不動産の所有者は、その不動産に従として付合した物の所有権を取得する。ただし、権原によってその物を附属させた他人の権利を妨げない。

山　川　　不動産の所有者つまり家主ですが、その人が、その不動産に従として付合した秋田さんのつくった造作や建物附属設備の所有権を取得するということですか？

春　香　　ちょっと待ってください。ただし書の部分で、「権原によってその物を附属させた他人の権利を妨げない」とありますよ。秋田さんは、賃貸借契約に基づいて家主の了解のもとに造作や建物附属設備を設けたのではありませんか。そうだとすると、これらの所有者はやはり秋田さんになるのではないですか。

所　長　　春香くんは注意深く条文を見ているね。ただ、増改築について、たとえ家主の承諾を得て行ったとしても、その部分が「取引上の独立性」を有していなければ、やはり不動産に付合した物としてその所有権は当該不動産の所有者に帰属するという判例[60]もあるんだ。学説上ではいろいろな考え方があると思うが、物理的または取引上の独立性が認められない場合には、付合した物について不動産の所有者以外の所有権は認められていないようだ。

山　川　　そうすると、やはり秋田さんの相続財産にはならないということか。

春　香　　でも、借地借家法第33条（造作買取請求権）では、建物の賃貸人の同意を得て建物に付加した造作は、建物の賃貸借が終了するときに、賃借人は賃貸人に対してその造作を時価で買い取るべきことを請求することができる旨が定められています。

---

*60　最高裁昭和44年7月25日判決（民集23巻8号1627頁）。この判決では、増築部分が区分所有権の対象となるような独立性を有するか否か、ということについて、「取引上の独立性」を有するか否か、といっている。

借地借家法第33条（造作買取請求権）
　建物の賃貸人の同意を得て建物に付加した畳、建具その他の造作がある場合には、建物の賃借人は、建物の賃貸借が期間の満了又は解約の申入れによって終了するときに、建物の賃貸人に対し、その造作を時価で買い取るべきことを請求することができる。建物の賃貸人から買い受けた造作についても、同様とする。
　2　前項の規定は、建物の賃貸借が期間の満了又は解約の申入れによって終了する場合における建物の転借人と賃貸人との間について準用する。

山　川　　ということは、秋田さんが所有権を失うことによる損失相当額は造作買取請求権として資産計上しなければならないのですか？

所　長　　借地借家法33条は同法37条の規定から任意規定、つまり契約でこの規定と異なる取り決めをすることもできるとされているんだ。秋田さんの場合には、賃貸借契約に基づいて賃貸借しているわけだから、賃貸借契約の規定に従うことになるだろうね。造作買取請求権のことも賃貸借契約の中で取り決めされているのではないのかな。

山　川　　そうですよね。いわゆるスケルトン貸しという形態なので、テナントが自分の業種に応じた設備を設けることは双方とも合意しているわけですから、賃借人が契約で認められた範囲内で築造した造作や建物附属設備に関する買取請求権に関する取り決めもされていると思います。

所　長　　店舗等の賃貸借契約では、賃借人の業種に応じた内部造作や附属設備の設置を認める代わりに、賃貸借終了後には原状回復を義務付け、賃借人の造作等の買取請求権を放棄している契約も多いと聞くからね。

春　香　　もしも、秋田さんの店舗の契約が所長が言われたような、賃借人の原状回復義務及び造作等の買取請求権の放棄が定められたものであれば、今回の秋田さんの相続税の申告にも造作や建物附属設備は資産計上する必要がないということですか？

所　長　　民法の規定により、造作や建物附属設備の所有権は秋田さんにはないわけだから、計上するとすれば造作等買取請求権というような債権にな

るものと思われるが、それを契約で認めないということで合意している わけだから、秋田さんには請求権がない。そうすると、相続税の申告で 資産計上する必要はないと私は思うね。

　ただし、借地借家法は平成4年8月1日に施行されているが、これよ り前の賃貸借については、旧借家法が適用される。旧借家法5条にも同 様の造作買取請求権が規定されているが、こちらの方は強行規定であ り、これを排除するような取り決めは認められていないんだ。

山　川　そうすると、賃貸借契約がいつなのか確認する必要がありますね。

春　香　仮に、買取請求権が認められる場合には、その時価はどのように評価 するのでしょう。

所　長　そうだね、財産評価基本通達92（1）の規定は適用できず、また （2）の「門、塀等の設備」も無理がある。そうすると、動産として評 価することになるだろうね。

春　香　でも、老朽化していたり、また取り外すのに相当な費用を要するの に、動産としての価値があるのでしょうか。

所　長　確かに、動産としての市場価値や再生利用価値がゼロと認められる場 合も多いだろうね。

山　川　いろいろと検討すべきことが多いですね。でも、これで私のモヤモヤ もすっきりしました。

春　香　山川さん、勝手に納得している場合ではないですよ。まずは契約の内 容をしっかりと確認しないと。

所　長　そのとおり。

（丸田・鹿田）

借地権の種類

第20話 普通借地権と定期借地権、その効力や評価額の相違は？

山　川　　顧問先の竹原さんが、A市B町に所有する規模の大きい更地を建設業者である法人に倉庫用地として貸し付けることになったんだ。今、契約について交渉しているところなんだけど。

春　香　　あの大きな土地ですね。空地のまま放置しておくのはもったいないですからね。建物の敷地として土地を貸すということになれば、借地権を設定することになりますね。場所もいいのでかなり高額な権利金を受領することになるのではないですか。

山　川　　それが、先方が建てる建物は構造が比較的簡単な倉庫ということもあり、存続期間を20年くらい、地代を高額にする代わりに権利金の授受はなし、とする方向で話が進んでいるらしいよ。

　　　　　竹原さんは以前、所有地を自分が経営する会社に貸し付けた際、権利金の認定課税を回避する目的もあって、更地価額の6％相当のいわゆる相当地代で賃貸しているんだ。そのときの知識もあって6％前後の地代率で要求しているそうだ。

所　長　　ちょっと山川くん、竹原さんは定期借地権で貸すのか、それとも普通借地権で貸すのか、決めておられるのかね。

山　川　　そこはよくお聞きしていないのですけど……。

春　香　　仮に普通借地権だとすると、存続期間が20年という短期にはならないような気がするのですけど……。

山　川　　普通借地権でも定期借地権でも、当事者同士が納得して20年で契約すれば、約定した存続期間が有効になるのじゃないのですか。

所　長　　山川くん、建物の所有を目的とする地上権や賃借権については、借地借家法という法律で存続期間や効力等について定められているんだ。借

地権の存続期間についても借地権の種類ごとに定められているんだよ。

借地権の種類とその特徴

所　長　借地借家法に定める借地権の種類とその存続期間や更新制度等について一覧にしてみよう。

定期借地権等一覧表

区　分	定　期　借　地　権　等				普通借地権
	一般定期借地権	事業用定期借地権等		建物譲渡特約付借地権	
		事業用定期借地権	事業用借地権		
存続期間	50年以上	30年以上50年未満	10年以上30年未満	30年以上	30年 (注2)（30年以上）
建物の使用目的	限定なし	事業用	事業用	限定なし	限定なし
更新制度	適用なし	適用なし	適用なし	適用なし(注1)	適用あり
契約書面	公正証書などの書面	公正証書	公正証書	特定なし	特定なし
終了事由	期間満了	期間満了	期間満了	建物譲渡	正当事由
根拠条文（借地借家法）	22条	23条1項	23条2項	24条	3条

（注1）　普通借地権により設定されている場合には、更新制度の適用あり。ただし、建物譲渡により消滅

（注2）　更新後は10年（最初の更新の場合は、20年）

山　川　ずいぶんと種類があるんですね。存続期間についても借地権の種類によって違いがありますが、契約でこれと異なる期間を定めることはできないのですか。

所　長　借地借家法はいわゆる強行法規で、「借地権の存続期間は、30年とする。ただし、契約でこれより長い期間を定めたときは、その期間とする」（借地借家法3条）と規定されているんだ。これは普通借地権に関

する規定なんだが、この条文から普通借地権の存続期間は最低でも30年ということになる。

山 川　存続期間が20年の借地権を設定しようとすると前頁一覧表中の事業用借地権にする必要があるのですね。

春 香　でも、竹原さんは地代を更地価額のほぼ６％で設定するおつもりなんですよね。税務では６％の相当地代を授受している場合には借地権は零とするとされています。そうすると、相当地代相当額で賃貸して権利金も受領しないのであれば、そもそも借地権自体が発生しないのではないのでしょうか。

所 長　借地借家法２条にあるように、借地権とは建物の所有を目的とする地上権または土地の賃借権だ。

　竹原さんの場合も公租公課以上の賃料で貸すわけだから、建物の所有を目的とする賃貸借となって借地権は発生する。税務の取扱いでも借地権がないといっているわけではなく、その価額を零とするといっているだけ、と考えるべきだ。

　借地権の価額については、いろいろな考え方がある。その宅地の価額に相応する適正地代と実際の地代の差額を収益還元したものが借地権の価額だとする考え方があって、税務では６％の地代が適正地代だと考えていると思われる。相当地代（６％）を収受していれば、適正地代との差額がないという理屈から借地権価額を零としているんだと思うよ。

春 香　借地権がない、ということではないんですね。相当地代を収受して貸している宅地についても、相続税評価では20％の減額が認められていますね*61。

山 川　竹原さんにも借地権の制度についてよく説明させてもらったほうがよさそうですね。20年で土地を返還してもらいたいのであれば、定期借地

---

*61　「相当の地代を支払っている場合等の借地権等についての相続税及び贈与税について」（昭和60年６月５日課資２-58（例規）直評９、平３課資２-51・平17課資２-４改正）

権の契約とするなど……。

所　長　定期借地権の設定については、公正証書で契約する必要があるなど、手続も重要だから専門家のアドバイスを受けたほうが無難だろうね。竹原さんの場合には、借地借家法23条 2 項の事業用借地権になると思われるけど、①公正証書でもって、②もっぱら事業の用に供する建物の所有を目的とし、かつ、③存続期間を10年以上30年未満とする、契約を締結する必要がある。

山　川　かなり手続面でも規制がありますね。所長のいわれるとおり専門家に相談した上で契約したほうがいいですね。

春　香　仮に借地借家法の規定に従わないで契約した場合には、普通借地権の設定となってしまうかもしれないですね。もし、そうなってしまうと、存続期間は30年となり、しかも 5 条の法定更新の制度が適用されてしまいますよね。

所　長　そういうことになるだろうね。

借地権を設定している土地の評価

山　川　ところで、竹原さんはご高齢なので、ご自分にもしものことがあった場合の相続税のことも気にされているようなんです。普通借地権を設定した場合と定期借地権を設定した場合の土地の評価方法についても、あわせてご説明しようと思います。

所　長　そうだね。山川くんも顧客サービスにだいぶ気が回るようになってきたね。

春　香　貸宅地の評価については、財産評価基本通達25に定められています。事業用定期借地権が設定されている宅地の評価は、原則として、その宅地の自用地価額から事業用定期借地権の価額を控除して評価します。でも、その残存期間に応じて定められている控除割合を適用して評価する

ことも認められています。どちらか有利なほうを選択すればよいのです
が、一般的には後者を適用したほうが有利になることが多いようです。

　なお、一般定期借地権の目的となっている宅地を評価する場合は、個
別通達「一般定期借地権の目的となっている宅地の評価に関する取扱い
について」（平10課評2-8・課資1-13、平11課資1-11改正）の適用が
ありますので、注意してください。

山　川　普通借地権の場合には、路線価地図や倍率表で表示されている借地権
　　　　割合に基づき評価した借地権価額を自用地価額から控除して評価するこ
　　　　とになるんだね。

春　香　そうですね。ただし、相当の地代を収受して貸している場合には、個
　　　　別通達「相当の地代を収受している貸宅地の評価について」（昭43直資
　　　　3-22、直（審）資8、官審（資）30）の適用があります。

山　川　もう一度、貸宅地の評価についてよく整理して竹原さんに説明してみ
　　　　るよ。それと竹原さんが定期借地権による土地の貸付けを望んでおられ
　　　　るのか、それとも普通借地権の設定でも構わないのか、両者の相違を踏
　　　　まえて契約締結前に慎重に検討してもらうようにするよ。

（丸田・鹿田）

第21話 贈与契約書さえつくっておけば大丈夫！？

春　香　山川さん、教育資金一括贈与に係る非課税制度って、平成31年３月31日までの措置でしたよね。

山　川　ん？　あっ、そうだっけ？　平成31年って、もうすぐじゃん。

春　香　どのくらい、利用があったんでしょう。延長されるんでしょうね、きっと。

山　川　まあ、そうかもね*62。

ゼロ歳児は贈与契約の当事者になりうるか

春　香　あの制度、法案が提出されるかされないかの段階で、ゼロ歳児への贈与も認めます、っていう談話が出たの、覚えておられますか？

山　川　あぁ、そういえば、そんなこと、言ってた気がする。

春　香　そもそも、贈与っていうのは、あげる人（贈与者）の「あげましょう」という意思と、もらう人（受贈者）の「もらいましょう」という意思とが合致して成立する契約*63です。ゼロ歳児に「もらいましょう」なんて意思表示ができるわけがないですよね。

山　川　あぁ、契約能力の問題ね。でも、お金をもらうだけだし、税金もかからないわけだから、問題はないような気がするけど。たしか民法にも……。あ、あった、民法５条１項ただし書「単に権利を得、又は義務を免れる法律行為については、この限りでない」だね。

---

*62　平成30年12月21日閣議決定された平成31年度税制改正の大綱では、受贈者の所得要件設定や使途の見直し等を行う一方、30歳以上の就学継続には一定の配慮を行い、適用期限を２年延長することが示されています。

*63　改正民法549条「贈与は、当事者の一方がある財産を無償で相手方に与える意思を表示し、相手方が受諾をすることによって、その効力を生ずる。」

春　香　　でも、ゼロ歳児は、そもそも、お金をもらうってこと、もっと言えば、お金そのものについての認識がありません。それなのに……。

山　川　　だから、そういう場合のために、民法5条1項本文の規定があるわけだよ。「未成年者が法律行為をするには、その法定代理人の同意を得なければならない」と。

所　長　　ま、だいたいそんなところだろうけど、贈与契約について、山川くんの言いたいことを整理してみると、①未成年者であっても、お金をもらうということが理解できて、何の負担も生じない、例えば、贈与税がかかるなどということがない、という場合は、法定代理人の同意を得ずに「もらいましょう」という意思表示をしても、それは有効、ひいては、この贈与契約は無事成立。②ゼロ歳児というか、まだ、お金をもらうということが理解できない未成年者の場合は、法定代理人の同意を得れば、贈与契約が締結できる、ということだね。

山　川　　そうです、そうです。

POINT ポイント

贈与契約の考え方

　贈与も契約なので、「あげましょう」「もらいましょう」という意思が合致しなければならない。だから、ゼロ歳児のように行為の結果を弁識するに足るだけの精神能力（意思能力）のない者は単独で法律行為ができず、このような者の行為は無効である。

　民法は未成年者が法律行為をする場合には、親権者[64]などの法定代理人[65]の同意を得なければならないとしている。ただし、単に権利を得、または義務を免れる法律行為についてはこの限りではないとも規定している（民5）。したがって意思能力の認められる程度に成長した未成年者については、贈与税の負

---

[64]　父母が婚姻中は父母が共同して親権を行使する。父母が離婚した場合など親権を共同行使できないときは、その一方が親権者と定められる（民818、民819）。
[65]　未成年者の法定代理人は第一次的には親権者、第二次的には後見人である。

担など何の負担もない場合には、ただ「もらう」ことが認識できれば単独で契約ができる。また、意思能力のない未成年者についても、法定代理人を通じて贈与を受けることができる。

民法改正　成年年齢

所　長　未成年者の行為能力に関係して、平成30年6月13日、民法の一部を改正する法律が成立して、民法の成年年齢が20歳から18歳に引き下げられたね。

山　川　えっ、そうなんですか！　そうか、18歳で大人かぁ。おっ、18歳以上で酒が飲めるようになるってかぁ。

春　香　そんな単純な話じゃないと思いますよ。それに、民法で「18歳をもって、成年とする。」ということになっても、飲酒年齢は20歳のままです。

山　川　あらま、そうなんだ。

春　香　ついでに、たばこも。所長は、「行為能力」っておっしゃったんですよ。つまり、単独で契約を締結することができる年齢が18歳になったってことですよね。

所　長　そういうことだ。ちょっと心配だけどね。

山　川　えっ、何が心配なんですか？

春　香　消費者被害が増えるんじゃないか？ってことです。たしかに、18歳といえば高校を卒業する年齢ですし、全ての法律行為に法定代理人の同意を得なければいけないか、というと、そうでもないかもしれません。でも、何となく危ういというか……。

山　川　う〜ん、そういわれてみれば、そうかもしれない……。

春　香　法務省によると、成年年齢引き下げを見据えた環境整備に関する関係府省庁連絡会議を開催して、さまざまな個別論点について検討するようですよ。例えば、消費者教育・消費者保護について、学習指導要領の徹

底とか、消費者教育教材の開発とか、その他、いろいろ考えられているみたいです*66。

贈与者である祖母が、孫名義の通帳を保管していた場合も贈与があったといえるのか

所　長　話を贈与にもどそうか。たとえば、贈与者である祖母が、孫名義の通帳を保管していた場合も、贈与があったといえるのかね？

山　川　同居の場合は、しょうがないんじゃないですか？

春　香　エッ、ダメでしょう！　法定代理人である両親が管理するならともかく。それにしたって、もらった孫が、遅くとも成年に達したときは、通帳を自分で管理して、いつでも好きなように使える状態にしておくべきでしょう。そうでないと、あげたことにならないと思います。

山　川　でも、仮に春香さんが言ったみたいに、しかるべき時期に通帳を渡して、それで孫が、意味なく浪費してしまったら、あげた方としては、残念というか、がっかりというか……。

春　香　意味なく浪費っていうのは何となくイヤな気がしますけど、それでも、あげたってことは、そういうことだと思います。財産の処分権限も移ったってことだと……。

書面による贈与と書面によらない贈与との違いは

山　川　贈与契約書をつくっておけばいいのでは？

春　香　贈与契約書をつくっておけば、通帳は、祖母が管理し続けても問題ないってことですか？

---

*66　法務省ホームページ（http://www.moj.go.jp/shingi1/shingi04900355.html）

所　長　　贈与契約書については、さっき確認[*67]したんじゃなかったのかい？

山　川　　エーッと、民法550条「書面によらない贈与は、各当事者が解除をすることができる。ただし、履行の終わった部分については、この限りでない。」でした。

> **改正民法第550条（書面によらない贈与の解除）**
> 　書面によらない贈与は、**各当事者が解除をすることができる**。ただし、履行の終わった部分については、この限りでない。

所　長　　民法では、贈与契約の成立について、書面を要求していない。書面がない贈与契約については、履行が終わった部分、つまり渡してしまった部分を除けば、当事者双方が契約をなかったことにすることができる、ってことだね。

山　川　　ということは、孫にお金をあげて、通帳をつくって、その通帳は、まだ、祖母の手元にあるってことは、履行は終わっていない……？

所　長　　と考えられないかね。

春香・山川　　はぁ……。

贈与契約書の有無で財産の取得時期も異なる

所　長　　2人とも何だか煮え切らないネェ……。君たちお得意の通達の世界に戻って考えてみるかい？　相続税法基本通達1の3・1の4共−8を見てごらん。

山　川　　「相続若しくは遺贈又は贈与による財産取得の時期は、次に掲げる場合の区分に応じ、それぞれ次によるものとする」。(1)相続又は遺贈の場合、これは省略して、「(2)贈与の場合　書面によるものについてはその

＊67　第4話21ページ

契約の効力の発生した時、書面によらないものについてはその履行の
時」。アァ、また「履行の時」だよ。

所　長　春香くん、この通達に関して、裁決があったはずだね。

春　香　はい、平成19年5月29日の裁決[68]です。不動産の贈与について書面を作
成していたのですが、贈与者が死亡するまで登記をしていませんでした。
　　審判所は、「書面による贈与については、書面さえ存在していれば、
贈与の実態にかかわりなくその契約の効力を認めようとする趣旨ではな
く、たとえ、書面は存在していても、所有権移転登記の目的となる財産
について、その登記を行うことに何ら障害がないにもかかわらず、書面
の作成後長期間登記を行わない場合に、贈与者が死亡するに至って初め
てその法的効果を主張して、その相続税の課税の適否を争うようなとき
など、実質的にみると贈与の真実性には疑問が多く、むしろ全体を総合
的にみれば、贈与契約は、租税回避その他何らかの目的により、当事者

---

[68]　平成19年5月29日裁決（TAINS F 0－3－216）

　の客観的真意とは別になされた仮装の行為あるいは贈与の予約とみるのがより自然かつ合理的であるようなものまで、その契約の効力を認めようとするものではないから、単に贈与契約をした旨が書面に記載されているということのみにとらわれることなく、これに関連する諸事実を総合的に判断して、その契約の効力が真実生じているか否かを実質的に判断すべきである。」といっています。

山　川　関連する諸事実を総合的に判断するってことは、管理・支配・処分の状況も見てってことか。

所　長　そういうことだ。

POINT ポイント

相続税基本通達1の3・1の4共−8で贈与による資産の移転時期

　相続税基本通達1の3・1の4共−8で贈与による資産の移転時期について、書面によるものについてはその契約の効力の発生した時、書面によらないものについてはその履行の時としている。しかし、この通達の趣旨は、書面さえ存在していれば、贈与の実態にかかわりなくその契約の効力を認めようとする趣旨ではなく、その贈与の対象となった財産に係る管理・支配・処分の権能が実質的に誰にあるのかなど、その行為に関連する諸事実を総合的に判断して、その契約の効力が真実生じているか否かを実質的に判断しなければならない。

（出川・鹿田）

第4章
消費税法と民法の接点

第22話　請負契約に基づく報酬も給与?!

仕入税額控除の対象となる「課税仕入れ」

山　川　　春香さん、また民法の勉強？　ご精が出ますねェ。

春　香　　精が出るとか出ないとかじゃなくて、消費税について、いろいろとま
　　　　　た疑問点が出てきて、裁判事例をもう一度、眺めていたんです。

　　　　　　例えば、会社で雇っている従業員に工事をさせた場合に、その従業員
　　　　　に支払う賃金は給与所得になるので、消費税額の計算においては仕入税
　　　　　額控除ができません。

山　川　　だから従業員を出向させて派遣してもらうことにすれば、支払うのは
　　　　　外注費になるから、消費税額の計算において仕入税額控除ができるって
　　　　　か。でも、裁判所は、この場合でも、仕入税額控除は認めなかったよ
　　　　　ね。

春　香　　そうです。消費税法２条１項12号は「課税仕入れ」の定義ですが、役
　　　　　務の提供のかっこ書きの中に、「所得税法第28条第１項に規定する給与
　　　　　等を対価とする役務の提供を除く」となっているので、外注費とは名ば
　　　　　かり外注費だ、ということで……。

所　長　　ハハハ、名ばかり外注費か。春香くんにしては、ずいぶんと結論に
　　　　　走った表現だね。春香くんの疑問を共有するために、まずは、判決のポ
　　　　　イントを整理し直してみようか。

課税仕入れから除外される「給与等を対価とする役務の提供」

春　香　　同じような判決がいくつかあると思いますが、私の手元にあるのは、東京地裁平成19年11月16日判決[69]とその控訴審である東京高裁平成20年4月23日判決[70]です。

所　長　　うん。できるだけ新しいもののほうがいいので、それで見てみよう。事件の概要を簡単に言うと？

春　香　　原告Xは、電気工事の設計施工等を目的とする株式会社です。Aという会社と工事請負契約書を交わして、専属的な下請会社として電気配線工事等を請け負っていました。Xは、Aから請け負った電気配線工事を行うについて、Bら6人の個人作業員を従事させていたのですが、Bらとは、日当を口頭で約束していただけのようです。

山　川　　へ？　日当を口頭だけで約束されてもなぁって気がするけど、ま、それはそれとして、春香さん、次に進んで。

春　香　　はい。Xは、Bらに労務の対価として支払った金員について、請負契約に基づいて支出した外注費として、課税仕入れに係る支払対価の額として計上し、消費税の確定申告をしました。

所　長　　Bらに日当を支払う際に、源泉所得税の徴収もしていなかったね。

春　香　　はい。ですから、課税庁は、Bらに対する金員は所得税法28条1項に規定する給与等であって、消費税法上、課税仕入れに係る支払対価の額に該当せず、Xはその支出に係る期間の各月分の源泉所得税を徴収納付すべきであるとして、当該期間に係る消費税等に係る更正処分と源泉所得税に係る納税告知処分とを行っています。もちろん、加算税に関する賦課決定処分もですが。

所　長　　裁判所は、課税庁の主張を認めたわけだが、そこのポイントは？

---

*69　東京地裁平成19年11月16日判決（TAINS Z257-10825）
*70　東京高裁平成20年4月23日判決（TAINS Z258-10947）

春　香　裁判所は、給与所得と事業所得の区別に関する最高裁昭和56年4月24日判決[71]を参照して、給与所得について、「雇傭契約又はこれに類する原因に基づき使用者の指揮命令に服して提供した労務の対価として使用者から受ける給付をいう」として事業所得と区別し、「給与支払者との関係において何らかの空間的又は時間的な拘束を受け、継続的ないし断続的に労務又は役務の提供があり、その対価として支給されるものであるかどうかが重視されなければならない」と述べています。

山　川　で、裁判所は、本件における事実関係からすると、Bら6人の作業員に対して支払われた日当は給与になる、としたわけだ。

春　香　一足飛びにまとめられてしまいましたが、

　　　①　BらがXに常用され、専属的かつ継続的にXの作業に従事していて、他の仕事と兼用する状況になかったこと

　　　②　午前8時から午後5時までの作業で、Xの代表者かAの職員の指示に従っていたこと

　　　③　仕事が遅れようがどうしようが、労働基準法等に準じた「基本給」「残業給」等が支払われていたこと

　　　④　現場で必要な材料や工具等は、XあるいはAから調達されていたこと

　　　が、山川さんのおっしゃる事実関係ですね。

所　長　仕事が遅れようがどうしようが、一定額を支払うのは、給与なんだよ、山川くん、わかるだろう！？

山　川　……。

---

*71　最高裁（二小）昭和56年4月24日判決（民集35巻3号672頁）

民法上の雇用と請負

所　長　民法は、他人の労務の利用を目的とする契約類型として、雇用・請負・委任があるとしているが、これらの区別は実際には難しい[72]とされてきたんだよ。

山　川　エッ、そうなんすか!?

所　長　まぁ、私だって民法学者じゃないからね。細かい論点は別として、山川くん、君も民法の条文を読んでみたらどうかね。

　　　　まず、民法623条。

春　香　はい、どうぞ。

山　川　えっ、そんなイキナリ。えー「雇用は、当事者の一方が相手方に対して労働に従事することを約し、相手方がこれに対してその報酬を与えることを約することによって、その効力を生ずる」。

所　長　うん、民法623条は雇用の規定。次は632条だ。

山　川　632条はっと、「請負は、当事者の一方がある仕事を完成することを約し、相手方がその仕事の結果に対してその報酬を支払うことを約することによって、その効力を生ずる」。

　　　　ンッ？　さっきが623条で、こんどが632条、条文番号までややこしいじゃないですか。

契約の種類によって所得区分して大丈夫か？

所　長　ハハハ、それは偶然だろうがね。今回の改正でも、この2つの条文はいずれも変更点がない。ただ、私たちは、日常的には、雇用契約に基づいて支払われた金員は給与所得、請負契約に基づいて支払われた金員は

---

*72　例えば、＊2前掲書267ページ

事業所得、と区分しているのではないかな?

山　川　　おっしゃるとおり!

春　香　　私もそんなふうに区別していました。今、山川さんに民法の条文を読んでいただいて気がついたんですが、雇用の場合は「報酬を与える」、請負の場合は「報酬を支払う」と、どちらも"報酬"という文言になっています。

　　　　　なので、今まで単純に、雇用契約の場合は給与所得、請負契約の場合は事業所得、と区別してきたことが、民法的にも間違っていたのではないか、と思えてきました。

所　長　　ウーン、民法的に間違っていたかどうかはともかく、契約の種類によって所得区分をする、というのは、どうも違うようだね。

　　　　　裁判所は、「雇傭契約又はこれに類する原因に基づき」といっているが、所得税法28条1項は「給与所得とは、俸給、給料、賃金、歳費及び賞与並びにこれらの性質を有する給与……に係る所得をいう」としか書いてないよね。

春　香　　原告も「事業所得と給与所得の区分については、所得税法上、その基準に係る明文の規定はなく、基本通達すら存在しない」と主張しました。

山　川　　えーっと、所得税法27条1項では「事業所得とは、農業、漁業、製造業、卸売業、小売業、サービス業その他の事業で政令で定めるものから生ずる所得(山林所得又は譲渡所得に該当するものを除く。)をいう」とあって、政令は63条が事業の範囲、か……。

　　　　　確かに、事業所得と給与所得の区分について、明文規定はないかもしれないけど、僕らは、ずっと、事業所得は、自己の計算と危険において独立して営まれ、営利性、有償性を有し、かつ反復継続して遂行する云々かんぬんと、お題目のようにいってきたよね。

　　　　　自己の計算と危険ということからすると、他人のフンドシで相撲取ってる人らは、やっぱり事業所得者にはなれないんだから、そんな人らが

もらっている金銭っていうのは「これらの性質を有する給与」ということになっちゃうんだろうなぁ……。

所　長　今の山川くんの言葉が、先の最高裁昭和56年判決で、事業所得の定義としていわれていることだよ。

　　　　ちなみに、云々かんぬんの部分は「反復継続して遂行する意思と社会的地位とが客観的に認められる業務から生ずる所得」だがね。

民法における雇用の規定の存在意義

山　川　それにしても、民法の雇用に関する規定って、生きてるの？

　　　　労働基準法とか、かなり厳しい法律もあるし、数年前には、労働契約法なんて法律もできたよネェ、春香さん。

春　香　おっしゃるとおりです！

　　　　民法の世界は契約自由が原則ですが、労働基準法13条で「この法律で定める基準に達しない労働条件を定める労働契約は、その部分については無効とする。この場合において、無効となった部分は、この法律で定める基準による」と、大きく制限を加えています。

　　　　私は、残念ながら、労働基準法や労働契約法など、労働法分野の勉強がまったく行き届いていなくって……。

雇用と請負との区別は難しい

所　長　話が広がりすぎそうなので、このあたりで、まとめてみようか。

春　香　はい。まず、消費税法において、仕入税額控除の対象となる課税仕入れとは、事業者が、事業として他の者から資産を譲り受け、もしくは借り受け、または役務の提供を受けることをいいますが、この役務の提供については、所得税法28条１項に規定する給与等を対価とする役務の提

供は除かれます。

　そして、所得税法28条1項に規定する給与等とは、条文の文言によれば、俸給、給料、賃金、歳費及び賞与並びにこれらの性質を有する給与、ということになりますが、給与等に該当するか否かは、雇用契約に基づく対価であるか請負契約に基づく対価であるか、といった形式的な契約類型の相違には左右されません。

　当事者が請負契約に基づく対価であると主観的に認識していたとしても、提供された労務の内容の実質を客観的に判断すると、支払われた対価が所得税法28条1項に規定する給与等に該当する場合もあるので注意が必要だ、ということになります。

山　川　要するに、民法の雇用と請負との区別は難しいってことでしょ！

春　香　……。

民法の雇用の規定は生きている？

Tea Break

　民法626条は、期限の定めのある雇用の解除について規定しています。

　「雇用の期間が5年を超え、又は雇用が当事者の一方若しくは第三者の終身の間継続すべきときは、当事者の一方は、5年を経過した後、いつでも契約の解除をすることができる」（現行民法626①本文）。

　この点について、内田貴東京大学名誉教授は、「この規定は労働基準法14条に特則がおかれ、契約期間は原則として3年（特例として5年）を上限とすることが定められている。民法がストレートに適用される場面は、労働基準法の適用されない家事使用人くらいであるが、そこでも民法がそのまま適用されるのが妥当かどうかは疑わしい。その意味で、626条は今日では意味を失っていると考えるべきだろう[73]」と述べておられます。

---

*73　内田貴『民法Ⅱ（第3版）債権各論』（東京大学出版会、2011年）268〜269ページ

　内田先生は、そもそも雇用についての民法623条以下の規定が、労働基準法を中心とする労働法によって大きく修正されたものの、近時は、雇用の多様化により、労働関係の契約的側面が強調されるようになったことを受けて、平成19年に労働契約法が制定されたことから、「同じ法律関係について２つの法律が存在し、微妙に用語も異なるという状態が生じていることになる。立法のあり方として、望ましい状態とはいえない[74]」と述べておられます。

　このような問題意識から、民法のいくつかの規定を労働法の規律と対比して検討された結果でしょうか、現行民法626条は、次のように改正されました。

> 改正民法第626条（期間の定めのある雇用の解除）
> 　雇用の期間が５年を超え、又はその終期が不確定であるときは、当事者の一方は、５年を経過した後、いつでも契約の解除をすることができる。
> ２　前項の規定により契約の解除をしようとする者は、それが使用者であるときは３箇月前、労働者であるときは２週間前に、その予告をしなければならない。

（鹿田）

---

[74]　[73前掲書268ページ

第23話　請負契約による賃貸用建物は、消費税の課税期間内に引き渡されたなら、完成度は不問？

消費税法における課税仕入れ等の時期

春　香　（独り言）消費税法上は、そうかもしれないけど……。

山　川　春香さ〜ん、さっきから、何、ブツブツ言ってんですか？

春　香　あぁ、山川さん。消費税額の計算っていうのは、売上げに係る消費税額から、仕入れに係る消費税額を差し引いて計算するわけですよね。

山　川　日ごろの春香さんからすると、驚くほどザクッとした表現だけど、マァ、そうだよね。

春　香　で、仕入れに係る消費税額の控除については、消費税法30条が規定していますが、余計な部分をサクサク省くと、要するに、

　　　　　「課税仕入れを行った日等の属する課税期間の課税標準額に対する消費税額から、当該課税期間中に国内において行った課税仕入れに係る消費税額を控除する」

　　　　　ってことだから、課税仕入れを行った日がいつか？　ってことをはっきりさせる必要があるわけですよね。

山　川　あぁ、まぁ、そうだけど……。

　　　　　課税仕入れを行った日については、消費税法基本通達11−3−1に書いてあって、「資産の譲受け若しくは借受けをした日……をいうのであるが、これらの日がいつであるかについては、別に定めるものを除き、第9章《資産の譲渡等の時期》の取扱いに準ずる」。

春　香　ですよね。そして、その第9章はというと、棚卸資産の譲渡の時期、請負による譲渡等の時期、固定資産の譲渡の時期などについて規定しています。

山　川　ふん、そうなんだけどぉ、さっきから、春香さんの問題意識が見えなくて、僕は、ただ、とまどうばかり〜。

春　香　アハッ、すみません。実は、平成24年７月24日の公表裁決[75]を読んでたんです。

　　　　この事件は、請負契約によって賃貸用建物を取得した者が、その取得費用に係る消費税額を課税仕入れに係る消費税額として控除していたんですけど、課税庁が、課税期間が違うっていう理由で仕入税額控除を認めなかったんです。

山　川　課税期間が違うってか。自動販売機を設置して、無理やり課税売上げをつくって云々とは別の新たな手法か？

春　香　いえ、私が言いたいのは、請負契約による賃貸用建物の取得の時期の話です。

山　川　だから、それは、消費税法基本通達11−３−１に基づいて、エーッと、請負だから、消費税法基本通達９−１−５になるんだろ。

　　　　でもって、「請負による資産の譲渡等の時期は、別に定めるものを除き、物の引渡しを要する請負契約にあってはその目的物の全部を完成して相手方に引き渡した日」じゃん。

春　香　そう、そこ！　「その目的物の全部を完成して」ってなってますよね。

山　川　えっ、あっ、うん。

春　香　この裁決事例では、とても全部が完成しているとは思えないんです。

平成24年７月24日公表裁決事例

山　川　どういうこと？

春　香　いやしくも賃貸用アパートですよ。居室の壁とか床、それに天井の内

＊75　国税不服審判所ホームページ登載

装が終わってなくて、完成って思えます？

山　川　　エ〜ッ？

所　長　　ハハハ、春香くん、言いたいことはわかるけど、裁決事例の事実関係を整理することから始めようじゃないか。

春　香　　あ、はい。

　　　まず、問題となる消費税の課税期間ですが、平成19年の3月のとある日から平成20年3月21日です。課税期間が1年を超えることはありませんから、平成19年3月22日から31日までのいずれかの日が課税期間の始期ですね。

所　長　　うん、そうだね。

春　香　　工事請負契約が締結されたのが、平成19年5月10日です。契約の内容は、①工事着工日が平成19年6月15日、②完成予定日は平成20年3月10日、③工事請負代金が約9,550万円です。

　　　そのほか、④工事完了時には、請負者であるK社の管理技師Lが検査を行い、検査に合格しないときは、K社が補修等を行ってLの検査を受けること、⑤引渡時期を検査合格後7日以内とすることが取り決められていました。

所　長　　工事請負代金は、工事費と消費税等相当額の合計額だよね。

春　香　　あっ、はい、そうです。

所　長　　で、争いのない事実を、続けて整理すると。

春　香　　平成20年3月4日に表示登記がされます、原因は、平成20年3月3日新築です。

　　　平成20年3月11日に、所有権保存登記がされ、3月21日に抵当権設定契約がされます。債権者はM銀行、債権額は6,000万円です。

　　　工事代金の支払いは、平成19年10月5日から平成20年3月21日までの間、6回に分けて支払われています。

所　長　　で、消費税の届出と申告状況だね。

春　香　はい、平成19年 4 月27日、『消費税課税事業者選択届出書』を提出しています。

　　　　平成20年 5 月20日、最初に確認した課税期間に係る消費税の確定申告をするのですが、課税売上割合100%、課税仕入れに係る支払対価の額の欄には工事請負代金の額も含めて記載され、結果的には、還付を受ける旨の申告書が提出されました。

　　　　消費税の調査が行われたのは、平成23年 4 月11日と12日です。

所　長　うん、そこでだ、課税庁は、目的物の全部が完成し引渡しがなされた日は、課税期間が終了する日よりも、もっと後だって言ったんだよね、その根拠は？

春　香　はい、争点整理表によりますと、

　　　①　工事監理者 L が建物の内装工事の確認をしたのが平成20年 5 月31日だったこと

　　　②　エアコンを納品した N 社が、売上げに計上したのが平成20年 6 月 6 日だったことから、建物に係るエアコン工事が未了であったこと

　　　③　建物に係る計画変更確認申請が平成20年 6 月25日に行われ、完了検査が行われたのが 7 月 2 日であったこと

　　　から、建物の全部が完成して引き渡された日は平成20年 7 月 2 日以降だから、建物を譲り受けた日の属する課税期間は、平成20年 3 月21日終了の課税期間ではない、としました。

山　川　エアコン工事が未了だったくらいなら、どうってことないんじゃないの？

春　香　って、思われちゃいますよね。

　　　　この裁決、納税者が勝って、処分は全部取り消されているんですけど、審判所が調査した内容によれば、とても完成していたとは思えないんです。

山　川　あぁ、さっきの居室の壁や床とかができてなかったって話？

春　香　はい。

　　　　審判所は、工事監理者 L の監理状況報告書を確認しているのですが、

ちょっと引用しますね。

「建物に係る内装工事の建材の状況の確認とは、本件建物の居室の壁、床及び天井などの内装の仕上工事（以下「本件内装仕上工事」という。）の建材に、国土交通省告示第1113号、同告示第1114号及び同告示第1115号（平成14年12月26日）に定められた規格に係る表示があるかないかなどを確認するものであると認められるところ、本件内装仕上工事が完了すれば、上記規格に係る表示を外部から確認できなくなるから、平成20年5月31日には、本件内装仕上工事が完了していなかったと認められる。」

　要するに、居室の壁や床、天井は、ふたをされていなかったってことじゃないんですか？

山　川　はぁ、確かに。でも、処分が全部取り消されたってことは、審判所は、完成引渡しがあったと認めたんだろ。

春　香　そうなんです。

山　川　その根拠は？

春　香　「平成20年3月3日の時点で、本件建物は外壁及び屋根により外気と分断され、コンクリート基礎により土地に定着し、共同住宅用建物の用途に供し得るだけの構造を備えていたことからすれば、同日時点で、本件建物の大部分は完成していたこと、また、請求人とK社は、本件建物が完成したとして本件建物の引渡しを合意し、K社は、同日付で本件建物を請求人に引き渡したことが認められる」んだそうです。

山　川　ヘェ～エ。外気と分断、土地に定着ねぇ。

　あっ、でもさ、建材の表示を確認するためだけに、検査用の部屋だけが、壁や床、天井がふたをされていなかったのかも……。

春　香　その辺はちょっとわからなかったんですけど、実際には、8月にならないと入居できない状況だった、とかいう話も聞いたんです。

山　川　まぁ、詳細はわからないとしても、結局、審判所は、建物が完成したかどうかよりも、建物の引渡しがあったのがいつか、ってことを重視し

たってことなんじゃない！？

所　長　　まっ、そう考えるしかないだろうな。

山　川　　ところで、春香さんは、なぜ、そんなに完成にこだわるわけ？

春　香　　う〜ん、何ていうか、消費税法基本通達9−1−5は、物の引渡しを
　　　　　要する請負契約と、物の引渡しを要しない請負契約とに分けて、前者の
　　　　　場合は、「目的物の全部を完成して相手方に引き渡した日」、後者の場合
　　　　　は、「約した役務の全部を完了した日」としています。

　　　　　　物の引渡しを要する場合は、結局、引き渡した日なら、なぜ、わざわ
　　　　　ざ全部を完成してって書いたのかなぁ……と思って。

山　川　　はぁ〜〜〜ん、なるほどね。そこは、民法の請負契約に関係があるん
　　　　　じゃないの？

所　長　　おっ、山川くんも、ついに民法を勉強する必要を感じたか。まぁ、2
　　　　　人で少し調べてみなさい。

民法の請負契約における“仕事の完成”

山　川　　ゲッ、とんだセリフを口走っちまったな。でも、春香さん、どうなの？

春　香　　民法の条文（632条）には、「当事者の一方がある仕事を完成すること
　　　　　を約し」とあり、「相手方がその仕事の結果に対してその報酬を支払う
　　　　　ことを約する」とありますから、仕事の完成は、契約の重要な要素だと
　　　　　思うんです。

山　川　　なるほど、確かになぁ。でも、建物の建築工事なんかは、工事の進行
　　　　　度合いに応じて、報酬を払っているのが現実だろ。

　　　　　　それとかさ、完成間近に竜巻がきて、壊れちゃったらどうするの？　と
　　　　　かいう問題もあるよな。

春　香　　おっしゃるとおりなんです。民法には、請負人の担保責任について、
　　　　　いくつかの規定を設けていますが、実際には約款によって詳細な定めが

置かれているそうなんです。内田先生によると、「たとえば、建設工事の請負に関しては、民間の大型工事でよく用いられる『民間連合協定工事請負契約約款』、公共工事で用いられる『公共工事標準請負契約約款』が有名」[76]なんだそうです。

　ただ、ここでは、そんな難しい論点よりも、民法の請負契約を考える上で、"仕事の完成"というのが、どういう意味を持つのか、見ておく必要があると思うんです。

山　川　そうだね。で、内田先生は、その点については、どうおっしゃってるんだい？

春　香　"仕事の完成"という要素は、請負契約と雇用契約とを区別するひとつの基準だと考えておられるようです。

山　川　雇用契約との区別の基準？

春　香　雇用は、「労働に従事することを約し」なので、内田先生に言わせる

＊76　＊73前掲書272ページ

と、「労務に服しさえすれば労働の成果の如何を問わず報酬がもらえるが」[*77]となって……。

山　川　あっ、春香さん、その部分、あんまり大きな声で言わないで！　所長に聞こえると……。

所　長　おい、山川くん、何か言ったか？

山　川　いえ、何でもありません！　春香さん、早く、次、次！

春　香　あ、えっと、だから、請負では仕事が完成しないと報酬がもらえないんです。民法633条は、報酬の支払時期に関して、「報酬は、仕事の目的物の引渡しと同時に、支払わなければならない」となっているんです。

山　川　あっ、春香さん、それじゃん！

春　香　えっ？

山　川　引渡しと同時に支払うんだから、完成しただけではダメってことでしょ！

春　香　えぇ、でも、山川さんの言い方だと、完成していなくても引き渡せば報酬が請求できる、ってことになりませんか？

山　川　とも言えるんじゃないかな。あとは、「こんな中途半端なもん、こしらえやがって」とかって争いになって、作り直せとか、契約解除だとかってなるんじゃないの？

春　香　えぇ～、でも、内田先生は、請負では仕事が完成しないと報酬がもらえないというところで、「このことから、請負においては、仕事を完成したのちにそれを注文者に引き渡すまでに当事者の責めに帰することのできない事由により目的物が滅失・損傷した場合でも、仕事が再び完成可能である限り完成義務はなくならない」[*78]と言っておられます。

　　　そして、「仕事の完成が不可能である場合にも、危険負担の536条1項が適用されて、たとえ滅失までに相当部分または全部ができあがってい

---

*77　＊73前掲書272ページ
*78　＊73前掲書273ページ

た場合でも、報酬請求権はないことになる」[79]んだそうです。"仕事の完成"というのは、かなり厳しいと思いますけど。

　　あっ、でも改正民法は違うことが書いてあったような……。のちほど、確認してみましょう。

山　川　　危険負担とか難しい言葉が出てきて、僕としては、いささかお手上げ状態なんだけど、さっきの消費税の裁決事例、最後の支払いは、たしか、平成20年３月21日になるんだよね。

春　香　　そうです。M銀行からの融資に係る抵当権設定登記をした日です。

山　川　　ということは、だ。アパートの引渡しを受けたから、最終代金を払った、ということになって、それが、課税仕入れを行った日、なんじゃないの？

　　きっと、納税者にとっては、そのほうが都合が良かったんだよ。

春　香　　はぁ～？　そういう結論ですかぁ？

Tea Break

民法改正　請負──現行民法における請負契約は、請負人に酷だった!?

山　川　　現行民法では、仕事を完成しないと、請負人は報酬を請求できない、かぁ……。

　　「完成することを約し」、「その仕事の結果に対してその報酬を支払う」ってところで、そう読むのかなぁ……。やっぱ、これって、請負人には酷だよな。

　　何らかの理由で、途中までしかできなくなっても、その部分までの報酬をもらえない、なんて、ちょっとナァ……。注文者が、アァ、そこまででいいですよ、な～んて、言う場合だってあるだ

＊79　＊73前掲書273ページ

ろうに。まぁ、このあたりは、契約自由ってことで、要するに、当事者双方が納得すればいいってことなんだろうけど。

そういえば、春香さんが、民法改正の中間試案が何とかって、言ってたな。あっ、あった、あった。

「請負人が現実に労力を費やして仕事をしたのに、結果的に完成に至らなかったために報酬をまったく請求することができないというのは、仕事が完成しなかった理由によっては、請負人にとって酷な場合があります。」[80]うん、そうだ、そうだ！

「また、請負人が仕事のために現実に費用を支出していたけれども結果的に仕事が完成しなかった場合に、その費用は誰が負担するのでしょうか。」[81]あぁ、そういう問題もあるかぁ……。

で、「中間試案では、仕事が完成しなかった場合の請負人の報酬請求権、費用償還請求権について、その仕事の進捗状況や完成しなかった原因に応じて、具体的に規定することが提案されています。」[82]か。あぁ、これがわかりやすいな。

仕事が未完成の場合の報酬[83]

	要　　件	請負人が請求できる報酬
現　　行		な　し
中間試案	原　則	な　し
	仕事の成果が可分	既履行部分
	注文者が必要な行為をしない	
	注文者に帰責性がある	全　額

---

*80　*16前掲書170ページ
*81　*16前掲書170ページ
*82　*16前掲書170ページ
*83　*16前掲書174ページ

山　川　ねぇ、春香さん、請負契約って、どんなふうに改正されたんだっけ？

春　香　はい。改正民法では、仕事を完成することができなくなった場合等の報酬請求権について634条に規定し、仕事の目的物が契約の内容に適合しない場合の請負人の責任について、現行の634条・635条・638条ないし640条を削除し、636条及び637条を改正しました。また、注文者についての破産手続の開始による解除について642条に規定しました。

　　　　634条の報酬請求権と、636条及び637条の担保責任について確認しましょう。

> **改正民法第634条（注文者が受ける利益の割合に応じた報酬）**
> 　次に掲げる場合において、請負人が既にした仕事の結果のうち可分な部分の給付によって注文者が利益を受けるときは、その部分を仕事の完成とみなす。この場合において、請負人は、注文者が利益を受ける割合に応じて報酬を請求することができる。
> 　一　注文者の責めに帰することができない事由によって仕事を完成することができなくなったとき。
> 　二　請負が仕事の完成前に解除されたとき。

山　川　既にした仕事の結果のうち可分な部分が完成とみなされて、報酬を請求することができる、となるんだね。

春　香　注文者がその可分な部分の給付によって利益を受ける場合なのですが、

　　　　①　たとえば自然災害のように、注文者・請負人双方の責めに帰することができない事由によって仕事を完成することができなくなった場合

　　　　②　請負人の責めによって仕事を完成することができなくなった場合など、注文者の責めに帰することができない事由に

よって仕事を完成させることができなくなった場合

③　請負人の履行遅滞で契約が解除された場合や、注文者からの解除など、とにかく仕事の完成前に請負が解除された場合に、報酬を請求できる可能性が生まれました。

山　川　委任の場合に、ある一定以上の労務はしたんだから、ということで、既にした履行の割合に応じて報酬を請求することができるようになった、というのと似てるよね。

春　香　私もそう思います。

次に、仕事の目的物が契約の内容に適合しない場合の請負人の担保責任についてです。

> **改正民法第636条（請負人の担保責任の制限）**
> 　請負人が種類又は品質に関して契約の内容に適合しない仕事の目的物を注文者に引き渡したとき（その引渡しを要しない場合にあっては、仕事が終了した時に仕事の目的物が種類又は品質に関して契約の内容に適合しないとき）は、注文者は、注文者の供した材料の性質又は注文者の与えた指図によって生じた不適合を理由として、履行の追完の請求、報酬の減額の請求、損害賠償の請求及び契約の解除をすることができない。ただし、請負人がその材料又は指図が不適当であることを知りながら告げなかったときは、この限りでない。

山　川　ん？　条文の表題は、担保責任の制限だね。

春　香　はい。注文者は、仕事の目的物が契約の内容に適合しない場合には、履行の追完の請求、報酬の減額の請求、損害賠償の請求及び契約の解除ができるのが契約のルールです（改正民法第559条）。

でも、注文者が不適切な材料や指図を与えたことによって、仕事の目的物が契約の内容に適合しなくなった場合に、その責任を請負人に負わせる、というのは公平ではありませんよね。だから、そのような場合については、請負人を担保責任から解放した、ってところでしょうね。

山　川　もう１つ条文があるんだっけ。

春　香　はい、担保責任の期間の制限の条文です。

> 改正民法第637条（目的物の種類又は品質に関する担保責任の期間の制限）
> 　前条本文に規定する場合において、注文者がその不適合を知った時から１年以内にその旨を請負人に通知しないときは、注文者は、その不適合を理由として、履行の追完の請求、報酬の減額の請求、損害賠償の請求及び契約の解除をすることができない。
> 2　前項の規定は、仕事の目的物を注文者に引き渡した時（その引渡しを要しない場合にあっては、仕事が終了した時）において、請負人が同項の不適合を知り、又は重大な過失によって知らなかったときは、適用しない。

山　川　注文者が請負人に担保責任を追及できるのは１年なんだね。

春　香　そうですね。ちょっと短い気もしないでもないですが、「履行を完了したという請負人の期待を保護するため」*84らしいですよ。

山　川　完了したという期待ねぇ。でも、税理士業務について、完成した部分だけってことは、ありえないんだろうなぁ……。そもそも、税理士業務ってのは委任で、善管注意義務だけでなく、忠実義務まであってさ。

　　　　は〜あ、世の中、厳しいもんだ。

（鹿田）

＊84　＊18前掲書363ページ

第 5 章
税理士法と民法の接点

委任契約と税理士損害賠償責任

税理士職業賠償責任保険の事故事例より

山　川　消費税についての支払件数が44.8%[*85]かぁ。

春　香　税理士職業賠償責任保険の支払いですか？

山　川　うん。法人税が22.7%、所得税が20.3%、この2つの税目を合わせた件数（212件）よりも消費税の件数（221件）が多いけど、かつてほどの差はなくなってきたね。

春　香　消費税の事故原因は、相変わらず、簡易課税制度選択不適用届出書の提出失念が最多ですか？

山　川　そう、89件。その次が、課税事業者選択届出書の提出失念で39件、総件数221件のうち、届出書の提出失念が162件だから、7割を超えているね。

春　香　消費税の場合、届出をするかしないかの判定時期と届出書の提出期限とがズレているから、難しいことは難しいですよね。いまだに慣れなくて、緊張します。

　　　　それと、何といっても、別の税理士さんのところから移ってこられて新しく関与することになった顧客のところ。届出書の控えが、必ずしも整理されていなかったりするから……。

山　川　そうそう、結局、税務署に問合せるんだけど、何となくイヤだなぁ。

所　長　山川くんでも、そんなふうに思うんだね。最初から、うちの関与先じゃなかったんだから、控えの整理がうまくできていなくても、後ろめたいような気分にならなくてもいいようなもんだけど、やはり、同業者

＊85　「税理士職業賠償責任保険 事故事例 2016年7月1日～2017年6月30日」（㈱日税連保険サービス、平成29年10月発行）より

としては、ちょっとなぁ……。

山 川　はぁ、まぁ……。

所 長　それはそれとして、税理士に対する損害賠償請求訴訟は増える傾向に
　　　　あって、裁判所は、いわゆる専門家責任について厳しくなってきている
　　　　気がするんだよ。

　　　　ちょっと、そのあたりのことを、検討してみてくれないかな。

損害賠償責任を負う根拠が委任契約にある?!

山 川　春香さん、税理士が損害賠償責任を負うことになる根拠っていうの
　　　　は、税理士と関与先との委任契約にあるんだよね。

春 香　うーん、委任契約とは違うみたいです。

　　　　委任契約については、民法643条に規定があるんですが、「当事者の一
　　　　方が法律行為をすることを相手方に委託し、相手方がこれを承諾するこ
　　　　とによって、その効力を生ずる」となっています。

　　　　税理士が、関与先の求めに応じて、租税に関し、税務官公署に対し
　　　　て、申告、申請、請求もしくは不服申立てをする、いわゆる税務代理
　　　　は、法律行為ではありませんね。

山 川　エッ、税務代理が法律行為じゃないんだったら、何になるの?

春 香　法律行為でない事務の委任、です。

山 川　法律行為でない事務の委任!

春 香　でも、法律行為でない事務の委任の場合、準委任というんですが、こ
　　　　の場合も、委任の規定が準用されるんです（民656）。

山 川　フーン。ま、準委任でもいいんだけど。民法643条には、報酬のこと
　　　　は書いていないよね。

春 香　受任者の報酬については、民法648条に規定があって、1項で、受任
　　　　者は、特約がなければ、委任者に対して報酬を請求することができな

い、となっています。

山 川 じゃあ、契約するにあたっては、きちんと報酬を決めておかないといけないよね。無報酬で、責任だけ負わされたら、たまったもんじゃないよな。

春 香 報酬を決めた場合でも、2項で、委任事務を履行した後でなければ、これを請求することができない、となっています。

　　　　もっとも、報酬を期間によって定めることもできて、その場合は、雇用の場合の規定が準用されて、期間を経過した後に、請求することができます。

山 川 委任事務を終了した時点でしか報酬を請求できない、となると、もしも間違った仕事をしたら、それは不完全な仕事になってしまって、報酬を値切られそうな気がするナァ。

春 香 そうですね。報酬を値切られるだけですめばいいですけど……。

　　　　アッ、委任の規定は改正事項があります。648条3項だけですけど。新旧対照表にしますね。

民法改正　委任

改正民法	現行民法
第648条（受任者の報酬） 3　受任者は、次に掲げる場合には、既にした履行の割合に応じて報酬を請求することができる。 　一　委任者の責めに帰することができない事由によって委任事務の履行をすることができなくなったとき。	第648条（受任者の報酬） 3　委任が受任者の責めに帰することができない事由によって履行の中途で終了したときは、受任者は、既にした履行の割合に応じて報酬を請求することができる。

> 二　委任が履行の途中で終了したと
> 　き。

春　香　改正民法648条3項は、委任が履行の途中で終了した場合を、「委任者の責めに帰することができない事由によって委任事務の履行をすることができなくなった」場合と、「委任が履行の途中で終了した」場合とに分けて、仮に、受任者に責めに帰すべき事由がある場合であっても、既にした履行の割合に応じて報酬を請求することができるようにしました。ある一定以上の労務はしたんだから、ということのようです。

山　川　だよな、だよな。

春　香　それと、改正民法には、648条の2が新設されました。

改正民法第648条の2（成果等に対する報酬）
　委任事務の履行により得られる成果に対して報酬を支払うことを約した場合において、その成果が引渡しを要するときは、報酬は、その成果の引渡しと同時に、支払わなければならない。
2　第634条の規定は、委任事務の履行により得られる成果に対して報酬を支払うことを約した場合について準用する。
　※改正民法第634条（注文者が受ける利益の場合に応じた報酬）
　　次に掲げる場合において、請負人が既にした仕事の結果のうち可分な部分の給付によって注文者が利益を受けるときは、その部分を仕事の完成とみなす。この場合において、請負人は、注文者が受ける利益の割合に応じて報酬を請求することができる。
　　一　注文者の責めに帰することができない事由によって仕事を完成することができなくなったとき。
　　二　請負が仕事の完成前に解除されたとき。

山　川　成果に対して報酬を支払うことを約した場合って、僕たちが確定申告書を作成して提出した場合のこと？

春　香　ん〜〜、それは、ちょっとどうなんでしょう？　成果に対して支払わ

れる報酬っていうのは、いわゆる成功報酬ですから。

山川　成功報酬かぁ。

春香　それに、税務代理の場合、引渡しと同時に報酬を支払う、なんて、考えられないんじゃないですか？

山川　あぁ、そもそも、そこかもね。

　　　　で、話を戻して、肝心の損害賠償責任は、どこに書いてあるの？

春香　民法では、委任に関する規定は、643条から656条までの16条なんですが、不法行為による損害賠償、すなわち民法709条のような、委任契約違反による損害賠償という規定はないんです。

　　　　ただ、644条に、受任者の注意義務に関する規定があって、「受任者は、委任の本旨に従い、善良な管理者の注意をもって、委任事務を処理する義務を負う」となっています。

　　　　要するに、この善管注意義務を欠いた場合に、債務不履行となって、契約一般の効力として、415条に基づく損害賠償を負うことになります。

山川　民法415条って、たしか「債務者、つまり受任者が、債務の本旨に従った履行をしないときは、債権者、つまり委任者は、これによって生じた損害の賠償を請求することができる」って内容だったっけ。

春香　415条も改正されましたが、書き出しのところは同じですから、山川さんのいわれたとおりです。

専門家責任とは……

山川　ところでさっき、所長が、裁判所は、いわゆる専門家責任について厳しくなってきている気がするって言ってたけど、あれって、どういう意味？

春香　税理士とか弁護士などのいわゆる専門家には、委任者との関係において、善管注意義務のほかに忠実義務がある、ってことではないでしょうか。

山川　忠実義務!?　ずっと昔に、商法の講義で、取締役の対内的責任のひと

つに忠実義務っていうのがある、って聞いた気がするけど……。

春香 あっ、それじゃないですか？ 会社法355条は「取締役は、法令及び定款並びに株主総会の決議を遵守し、株式会社のため忠実にその職務を行わなければならない」としています。取締役と会社との関係は、そもそも委任契約に基づくものです。

民法の委任のところには、善管注意義務のほかには、報告義務（民645）と受取物の引渡義務（民646①）及び取得権利の移転義務（民646②）しか規定されていないのですが……。

山川 民法には規定がないけど、会社法にあるからってなぁ……。

具体的には、何が忠実義務で、何が足りないと忠実義務違反になるんだろう？

春香 三木先生たちの著書[86]によると、忠実義務とは、「『専門家としてなすべき裁量的判断を依頼者のために適切に行使する』義務」なんだそうです。なので、いわゆる有利選択の懈怠は、忠実義務違反になるってことのようです。

山川 なるほどね。善良なる管理者としての注意をつくしていても、税法上、選択可能な方法が複数ある場合、依頼者のために最も有利と思われる方法を選択しなければいけない、って義務も別にありますよ、ってことなんだろうね。

損害賠償の範囲

山川 ところで、最も重要ともいえるんだけど、損害賠償については、具体的にどう考えればいいの？

春香 もちろん、何でもかんでも専門家の責任というわけではありません。

---

[86] ＊19前掲書208ページ

　　　委任者に発生した税法上の損害と、その原因をつくった税理士の行為
　　との間には、因果関係が必要です。

山　川　そりゃあそうだろう。ろくに資料も整えないで、申告だけしてくれっ
　　ていわれて、挙句の果てに損害賠償なんて、もってのほかだ（怒）！

春　香　あっ、その委任者の側の過失については、また別だと思いますが、と
　　にかく、損害と行為との間には因果関係が必要です。

　　　賠償額も、納税額すべてというわけでは、もちろんなくて、適正な税
　　額と税理士が誤った税額との差額及び附帯税ってところになります。

山　川　専門家責任か……。いろいろと難しい時代になったもんだ。

春　香　なんか、たそがれてません？

　　　大事なことは、関与先との信頼関係だと思うんです。山川さんなん
　　て、しょっちゅう謝っているわりには、契約解除されたこともないし
　　……。

所　長　それは、春香くん、山川くんの後ろには、私がバッチリ控えているか
　　　らだ、と思って欲しいね。

春　香　あっ、所長、そうでした。

山　川　トホホ……。

申告書作成は請負契約なの？

Tea Break

山　川　　納税者が、税理士に税務代理を依頼する契約が準委任だっていう
　　　のはわかったけど、申告書を作成するっていうのは請負だっ
　　　て、聞いたことがあったんだ。その点はどう？

春　香　　請負契約というのは、民法632条にあるように、「当事者の一方
　　　がある仕事を完成することを約し、相手方がその仕事の結果に対
　　　してその報酬を支払うことを約する」というものです。

　　　　申告書の作成というのが、書面の完成だけを意味するのであれ
　　　ば、請負ということになるかもしれませんが、私個人としては、
　　　少し違うんじゃないか、という気がします。

　　　　申告書の作成においても、善良なる管理者の注意義務は課せら
　　　れている、と考えると、やはり委任ではないのでしょうか。

山　川　　なるほどね。

（鹿田）

第25話　申告書作成を依頼された税理士が、頼まれもしないのに帳簿作成をした場合の責任

事務管理とは

山　川　　契約以外に債権が発生することもあるよね。

春　香　　事務管理・不当利得・不法行為は契約関係にないところから、債権が発生する原因になります（民697）。

POINT ポイント

事務管理

　頼まれないのに旅行中の友人の財産を管理する場合のように、義務なく他人の事務を処理する行為であるが、民法はこれに関して、その事務の処理をはじめた者の義務・事務処理に必要な費用の償還請求などについて規定しているので、当事者はこれらの債権債務を取得することになる（我妻榮・有泉亨・川井健『民法2 債権法（第三版）』（勁草書房、2009年）6頁）。

民法第697条（事務管理）　⇒　改正後も同じ
1　義務なく他人のために事務の管理を始めた者（以下この章において「管理者」という。）は、その事務の性質に従い、最も本人の利益に適合する方法によって、その事務の管理（以下「事務管理」という。）をしなければならない。
2　管理者は、本人の意思を知っているとき、又はこれを推知することができるときは、その意思に従って事務管理をしなければならない。

山　川　　この規定についての改正はなかったね。

春　香　　はい。

山　川　　税理士が個人事業者から所得税の申告を依頼された場合に、所得金額

の算定の基礎となる会計帳簿の作成は、事業者のほうできちんとしてもらう約束をした、報酬はその前提で決めた。

で、事務所に持ち込まれたのは、請求書や領収書の控えと預金通帳の写しの一部だった場合、申告期限に間に合わせるために、頼まれもしないのに、やむを得ず集計表をつくって所得の算定を始めた。この場合は事務管理にあたるんだよね[87]。

春　香　所得税の申告書を作成して提出することは、契約により税理士が負う責任ですよね。でも、会計帳簿の作成は事業者のほうできちんとする約束だったのだから、それができてない以上、その時点で契約を断ることはできたはずです。

　ところが、申告期限に間に合わせるためとはいえ、集計表の作成を始めてしまえば、途中でやっぱり止めましたとは言えないようです（民700）。

> 民法第700条（管理者による事務管理の継続）　⇒　改正後も同じ
> 　管理者は、本人又はその相続人若しくは法定代理人が管理をすることができるに至るまで、事務管理を継続しなければならない。ただし、事務管理の継続が本人の意思に反し、又は本人に不利であることが明らかであるときは、この限りでない。

春　香　しかも、善良な管理者の注意を払い、これを欠いたときには責任を負うことになります。

POINT ポイント

善良な管理者の注意

　民事上の過失責任の前提となる注意義務の程度を示す概念で、その人の職業や社会的地位等から考えて普通に要求される程度の注意（『法律用語辞典（第3版）』（有斐閣、2006年デジタル版））。

＊87　名古屋高裁平成15年9月17日判決（TAINS Z999-0084）

費用の償還請求

山　川　報酬はどうなるのだろう。会計帳簿の作成は、事業者のほうできちんとしてもらう約束で報酬を決めているのに、それができていなかった。申告期限は迫ってくる。やむを得ず帳簿作成にとりかかった。最初の約束の報酬には帳簿作成報酬は含まれてない。頼まれてないのだから、やっぱり請求できないのかな。

春　香　たしかに難しいかもしれません。民法702条には、管理者は本人のために有益な費用を支出したときは、本人に対してその償還を請求することができる、とありますが、税理士自身の報酬は費用の支出ではありませんから。でも、その税理士がその帳簿作成をスタッフにさせて、スタッフの給料分を支出した、と考えれば、ある程度可能かもしれません。

山　川　ある程度というのは？

春　香　民法702条3項に、管理者が本人の意思に反して事務管理をしたときは、本人が現に利益を受けている限度において、費用の償還ができる、とされています。

> 民法第702条（管理者による費用の償還請求等）　⇒　改正後も同じ
> 1　管理者は、本人のために有益な費用を支出したときは、本人に対し、その償還を請求することができる。
> 2　第650条第2項の規定は、管理者が本人のために有益な債務を負担した場合について準用する。
> 3　管理者が本人の意思に反して事務管理をしたときは、本人が現に利益を受けている限度においてのみ、前二項の規定を適用する。

所　長　私たちはプロだから、親切の安売りをしてはならないし、お客さんとの契約内容を十分確認しておかないといけない。報酬を決める際に、どこまで事業者側でするのかを明確にして、それを守ってもらわないとい

-181-

けないし、状況が変われば、きちんとその状況の変化に対応する契約内容に訂正しないといけない。

春香・山川　はい！

民法改正　代理

　私たち税理士は、他人の求めに応じ、租税に関し、税務代理、税務書類の作成、税務相談を行うことを業としています（税理士法2条1項）。とりわけ税務代理は、「税務官公署に対する租税に関する法令若しくは行政不服審査法の規定に基づく申告、申請、請求若しくは不服申立てにつき、又は当該申告等若しくは税務官公署の調査若しくは処分に関し税務官公署に対してする主張若しくは陳述につき、代理し、又は代行すること」とあ

り、とても重要な業務です。

　民法の代理に関する規定も改正されています。現行民法では第99条から第118条までが代理の規定ですが、改正点は少なくないと思います。すべてを確認する必要もないように思いますので、税理士も注意した方がいいかな、と思う点についてピックアップして確認しておこうと思います。

＊　　　＊　　　＊

（1）　代理人の行為能力（現行民法・改正民法102条）

　現行民法102条は、「代理人は、行為能力者であることを要しない。」という規定ですが、「制限行為能力者が代理人としてした行為は、行為能力の制限によっては取り消すことができない。ただし、制限行為能力者が他の制限行為能力者の法定代理人としてした行為については、この限りでない。」と改正されました。制限行為能力者が代理人になれる、といいつつ、代理人が制限行為能力者であることを理由に法律行為を取り消せるとする（現行の規定ではそのように読めないこともない。）と、少し変な感じがします。そもそも制限行為能力制度というのは、制限行為能力者の保護を目的としています。代理人の行為の効果は本人に帰属するのですから、本人が制限行為能力者であるならともかく（改正民法102条ただし書）、代理人が制限行為能力者である、ということで代理人を保護する必要はないわけです。

　成年被後見人または被保佐人は税理士となる資格を有しません（税理士法4条2号）が、この欠格条項については、2018年度税制改正大綱において除外することが盛り込まれています。

（2）現行民法105条（復代理人を選任した代理人の責任）の削除

> **現行民法第105条（復代理人を選任した代理人の責任）**
> 　代理人は、前条の規定により復代理人を選任したときは、その選任及び監督について、本人に対してその責任を負う。

> 2　代理人は、本人の指名に従って復代理人を選任したときは、前項の責任を負わない。ただし、その代理人が、復代理人が不適任又は不誠実であることを知りながら、その旨を本人に通知し又は復代理人を解任することを怠ったときは、この限りでない。

　現行民法105条の削除により、104条（任意代理人による復代理人の選任）のみが規定されることになります。

> 現行民法第104条（任意代理人による復代理人の選任）⇒改正後も同じ
> 　委任による代理人は、本人の許諾を得たとき、又はやむを得ない事由があるときでなければ、復代理人を選任することができない。

　現行民法105条では、復代理人を選任した任意代理人は、その選任及び監督についてのみ責任を負えば足りる（現行民法105条１項）、という感じでした。本人の指名に従って復代理人を選任したときは、選任はもちろん監督の責任も負いません（現行民法105条２項本文）。

　でも、これはいかがなものでしょうか？　ということで、改正民法は105条を削除して、復代理人を選任した代理人の責任を、一般の債務不履行責任と同様に負わせる、ということにしました。

　税理士も、やむを得ない事由により復代理人を選任する場合もあるかと思いますが、気をつけたいものです。

（３）　自己契約及び双方代理等（現行民法・改正民法108条）

　この条文については、新旧対照表を作成します。

改正民法第108条	現行民法第108条
同一の法律行為について、相手方の代理人として、又は当事者双方の代理人としてした行為は、代理権を有しない者がした	同一の法律行為については、相手方の代理人となり、又は当事者双方の代理人となることはできない。ただし、債務の履行及び本人

行為とみなす。ただし、債務の履行及び本人があらかじめ許諾した行為については、この限りでない。

2　前項本文に規定するもののほか、代理人と本人との利益が相反する行為については、代理権を有しない者がした行為とみなす。ただし、本人があらかじめ許諾した行為については、この限りでない。

があらかじめ許諾した行為については、この限りでない。

　この規定は、法律行為の代理に関する規定であり、私たち税理士が業務として行う申告代理について、必ずしも当てはまるものではありません。しかしながら、とりわけ相続税の申告代理にあたっては注意したいと思います。というのも、同一の被相続人に係る相続人全員から依頼を受けるとは限りませんし、相続税の申告書についても「共同して提出することができる」（相法27⑤）となっているだけです。共同相続人のうち、依頼を受けた納税者との関係を明確にするためには、税務代理権限証書を個別に作成する必要があります。仮に、共同相続人の全員から依頼を受けた場合であっても、できるだけ全員から税務代理権限証書をもらった方がいい、と私は思っています。

＊　　　＊　　　＊

　第25話では、やむを得ずに当初の約束にないことを税理士がしてしまった場合を取り上げましたが、関与先の事業についてのみならず、私たち税理士と依頼人との関係にも、民法がかかわってくることを再認識したいと思います。

（出川・鹿田）

税理士の履行補助者の
説明義務違反にかかる損害賠償責任

第26話

裁判例の紹介

山 川　税理士の履行補助者が、依頼者に対して重加算税や延滞税などが課されるおそれがあることを説明しなかったとして、損害賠償が求められた事件があったね*88。

春 香　そんなことがあるのですね。

山 川　税理士の履行補助者は確定申告書を作成するために必要な資料を提示するように求めたのに、依頼者はこれを拒み、前年分の申告書の控えと、保険料の控除証明書だけを提示して、前年分と同様に申告するように要請したんだ。

春 香　最近も聞いたような……。毎年会計事務所を変えて、粉飾決算により銀行から不正融資を受けていたとか……。その場で断ればよかったのに。

山 川　履行補助者だから、その場では断れなかったんだろうね。でも報告を受けた所長先生は、きっぱり断るべきだよ。きちんと報告を受けていなかったのかもしれないけど。

■ **前橋地裁平成14年12月6日判決**

（事件概要）

1. 損害賠償請求をした原告（2名）は、所得が増加してきたので、税理士を通じて申告することによって、税金の納付額を少なくしようと考え、平成6年分の

---

*88　前橋地裁平成14年12月6日判決（TAINS Z999-0062）

> 確定申告手続を、被告である税理士に依頼した。
>
> 2．税理士は履行補助者に、業務の履行補助をさせることとし、履行補助者は原告の自宅を訪れて、確定申告に必要な、現金出納帳、預金通帳、請求書、領収書などの原始記録を提示するように求めたが、原告はこれを拒んだ。
>
> 3．原告は履行補助者に対し、平成5年分の申告書の控えと、生命保険料や損害保険料の控除証明書のみ提示して、平成6年分も平成5年分と同様に申告するように要請した。
>
> 4．このとき、履行補助者は将来脱税が指摘されて重加算税や延滞税などが課される危険があることを原告に説明しなかった。
>
> 5．履行補助者は、平成5年分と比較した増減率として原告から説明を受けた数値を参考にして確定申告書に金額を記載し、その後の年分についても同様の申告書を作成した。
>
> 6．原告らは合わせて23,813,700円の重加算税や延滞税を納付することとなったが、被告の雇用する職員がなした申告が、委任契約の債務不履行に当たるとして、損害賠償金及び遅延損害金の支払いを求めた。

春　香　……（絶句）。

山　川　判決では過失相殺を認めて、損害額は請求額の1割としているけどね。

春　香　それは、まあ、大部分は原告側に非がありますものね。でもそのような申告を続けた税理士側の責任もゼロにはならないんですね。

所　長　税理士法では、税理士の使用人に対して監督義務を課している[89]。

　　また、税理士はその制度の趣旨に従い[90]、脱税の相談など当然できないし[91]、脱税等の事実を知ったときには、直ちに、その是正をするように助言しなければならないとしている[92]。そして、依頼者がこれに従わない場合に、その不正を是正することなく税理士業務を継続すれば、不

---

*89　税理士法第41条の2（使用人等に対する監督義務）
*90　税理士法第1条（税理士の使命）
*91　税理士法第36条（脱税相談等の禁止）
*92　税理士法第41条の3（助言義務）

正な税務代理等につき懲戒処分の対象となる*93。私の場合は君たちがしっかりしているから助かるよ。

山　川　はいはい。

所　長　今回は褒めたんだがなぁ。

山　川　すみません、あまり褒められたことがないので、気づきませんでした。

民法改正　債務不履行による損害賠償

所　長　いい機会だから、債務不履行による損害賠償について整理しておこう。

春　香　はい、改正点が分かるように整理してみます。

債務不履行による損害賠償　新旧対照表

改正民法第415条	現行民法第415条
債務者がその債務の本旨に従った履行をしないとき又は債務の履行が不能であるときは、債権者は、これによって生じた損害の賠償を請求することができる。ただし、その債務の不履行が契約その他の債務の発生原因及び取引上の社会通念に照らして債務者の責めに帰することができない事由によるものであるときは、この限りでない。 2　前項の規定により損害賠償の請求をすることができる場合において、債権者は、次に掲げるときは、債務の履行に代わる損害賠償の請求をす	債務者がその債務の本旨に従った履行をしないときは、債権者は、これによって生じた損害の賠償を請求することができる。債務者の責めに帰すべき事由によって履行をすることができなくなったときも、同様とする。

---

*93　税理士法第45条（脱税相談等をした場合の懲戒）

> ることができる。
> 一　債務の履行が不能であるとき。
> 二　債務者がその債務の履行を拒絶
> 　する意思を明確に表示したとき。
> 三　債務が契約によって生じたもの
> 　である場合において、その契約が
> 　解除され、又は債務の不履行によ
> 　る契約の解除権が発生したとき。

所　長　　債務の内容を実現できないことを、総称して債務不履行というのだ
　　　　　　が、その態様には、履行遅滞、履行不能、不完全履行がある。

春　香　　先ほどの前橋地裁のケースは、申告期限には確定申告書を提出してい
　　　　　　るようですから、履行遅滞や履行不能ではなく、債務の本旨に従ってい
　　　　　　ないという、不完全履行による損害賠償を求めたわけですね。

所　長　　うん、まぁそうだね。債務不履行には、履行遅滞、履行不能、不完全
　　　　　　履行がある、といったが、契約の解除について春香くんが整理してくれ
　　　　　　たように[94]、現行民法では、当事者の一方が債務の履行をしない場合
　　　　　　（現行民法541条）、定期行為の履行遅滞の場合（現行民法542条）、そし
　　　　　　て履行不能の場合（現行民法543条）だけしか債務不履行の形態は出て
　　　　　　こない。内田先生は、「3類型はそれなりに便利であり、判例もそれに
　　　　　　従っている」[95]からと割り切りのいいところを見せておられたけどな。
　　　　　　今回の改正のリーダーだもんな、きっちりと整理し直されたんだから、
　　　　　　さすがだよ。

春　香　　はぁ……。

所　長　　あぁ、すまん、話を債務不履行による損害賠償に戻そう。要するに、
　　　　　　私が現行民法415条について言いたかったのは、履行不能の場合だけ債

---

*94　ティーブレイク「民法改正　契約の解除」（37ページ）参照
*95　＊73前掲書87ページ

務者の責めに帰すべき事由がない場合には免責される、つまり損害賠償をしなくていい、というふうに読めなくもない。しかし、現行民法415条の解釈においては、履行不能の場合に限らず、すべての債務不履行の場合に、「債務者の責めに帰すべき事由」がなければ損害賠償はできない、とされてきた。つまり過失責任原則が採用されているんじゃないか、という点が問題なんだ。

山 川　…？…？…。

所 長　そして、債務者の責めに帰すべき事由とは、故意または過失及び信義則上これと同視されるような事由だと解されてきたが、一般的な過失（落ち度）ではないのか、という学説もあった。さらに、損害賠償を請求する債権者が、債務者に「責めに帰すべき事由がある」ことを立証しないといけない、ということになるのか、という点も問題となった。

春 香　そうではないのですか？

所 長　そうではない、とまでは誰もいわないんだろうけど、履行が不能になる原因もいくつかあるのじゃないか、と。たとえば、「最初から履行することが不能な債務については、そのような債務を発生させる契約自体が無効であるから発生しない、したがって債務がないのであるから何らの債務不履行責任も発生しない、つまり損害賠償請求はできない」*96 という場合もあるんじゃないか、とかね。

春 香　あっ、責任追及ではなく、契約の拘束力から解放する！？

所 長　あぁ、それは契約解除における債権者サイドの話なんだが、似たようなことだと私も思うよ。

　　　　改正民法の条文をよく見て欲しいんだが、債務者の責めに帰すべき事由は、「契約その他の債務の発生原因及び取引上の社会通念に照らして」判断することになった。こういう文言にすることにより、債務不履

---

*96　＊2 前掲書59ページ

行による損害賠償責任は過失責任原則を採用しているんじゃないか、という誤解はなくなった。

春　香　そういうことなんですね。

所　長　そして、改正民法415条2項が新設されている。従来、判例によって、一定の場合に認められてきた履行に代わる損害賠償請求が明文化された。が、詳細はまたの機会に譲ることにして、もう一度、前橋地裁の事件に戻って、使用人と税理士との関係について確認しておこう。

　　　　　山川くん、起きてるかい？

山　川　あっ、はい、起きてます！　えーっと、税理士には使用人監督義務があるので、使用人の行為に故意または過失があれば、税理士にも責任があることになるんですよね。

春　香　何か、ザクっとした説明ですね。

山　川　いや、だって、重加算税や延滞税などが課される危険がある、ってことを説明しなかったことが過失だっていわれてもなぁ……。

所　長　善良な管理者の注意義務を尽くしたか、という点が問題なんだろう。つまり、その人の職業、経歴、生活状況等に応じて社会通念上要求される程度の注意義務、税理士などの専門家は、その専門分野においてはかなり高度なものが要求されるってことだな。

山　川　はぁ、そうですか……。

春　香　なんだか、ちょっとおそろしいですね…。

所　長　おそろしいのは、きみたちじゃなくて、私だろう（笑）。

山　川　……。

（出川・鹿田）

第27話

粉飾決算を助けた税理士の責任

不法行為とは

山　川　税理士の不祥事が新聞をにぎわせていたね。税理士がした職務上の不法行為については、何か裁判例がある？

春　香　税理士の不祥事というのは、とても残念なことですが、依頼者の求めに応じて粉飾決算をした税理士が、その決算書を信じて融資した者から損害賠償請求を受けたという裁判例があります。

POINT　ポイント

不法行為

　不法行為とは、故意にあるいは誤って他人にけがをさせたというような違法な行為であるが、民法はその効果として、加害者が被害者に対して損害を賠償する義務を負うものと規定しているので、当事者はこれによって損害賠償の債権債務を取得することになる（我妻榮・有泉亨・川井健『民法2 債権法（第三版）』（勁草書房、2009年）6頁）。

民法第709条（不法行為による損害賠償）　⇒　改正後も同じ
　故意又は過失によって他人の権利又は法律上保護される利益を侵害した者は、これによって生じた損害を賠償する責任を負う。

裁判例の紹介

春　香　税理士は依頼者と契約関係にありますが、税理士がした不法行為に

よって損害を受けた者が、税理士に対して損害賠償を求めたものとして、例えば昭和63年2月26日の仙台高裁の事例[97]があります。

■ 仙台高裁昭和63年2月26日判決

（事実概要）
1．原告とその親族は、A社に対してされた融資の連帯保証人であり、共有する不動産も担保提供していた。
2．被告はA社の顧問税理士だった。
3．A社は倒産し、原告とその親族は巨額の保証債務を弁済した。
4．被告はA社の赤字の決算書を税務署に提出する一方で、粉飾した黒字の決算書（税務署の収受印を偽造）もつくり、A社の融資先や原告に黒字の決算書を掲出していた。

山 川　二重に決算書をつくってはダメだよね。でも、依頼者から懇願されて、どうせ依頼者が責任を取るのだったら、自分にまでは責任が及ばないだろうという気持ちがあったのかなぁ。

春 香　不法行為の場合には、損害を与えた第三者から損害賠償請求を受けることになります。一審判決では、不法行為と損害との因果関係がないとされましたが、二審の高裁では、因果関係はあるとして、1,000万円と昭和55年9月1日からの年5分の割合による利息を払えという判決が、平成63年の2月に出ました。

山 川　当時の1,000万円は、今の価値よりかなり高かっただろうね。

春 香　そうでしょうね。

---

*97　仙台高裁昭和63年2月26日判決（TAINS Z999-0002）。同じ事件の地裁判決は、仙台地裁昭和61年9月11日判決（TAINS Z999-0045）

税理士法の懲戒規定

所　長　税理士が粉飾決算や脱税にかかわってはいけないことは、当然のこと
だけど、これらの不法行為にかかわると、これによって損害が生じた第
三者から損害賠償請求されるおそれがあるということは、税法の専門家
として肝に銘じておかないといけない。

春　香　税理士法上の懲戒処分の対象にもなりますね。

> **税理士法第45条（脱税相談等をした場合の懲戒）**
> 1　財務大臣は、税理士が、故意に、真正の事実に反して税務代理若しくは税務書
> 類の作成をしたとき、又は第36条の規定に違反する行為をしたときは、2年以内
> の税理士業務の停止又は税理士業務の禁止の処分をすることができる。
> 2　財務大臣は、税理士が、相当の注意を怠り、前項に規定する行為をしたとき
> は、戒告又は2年以内の税理士業務の停止の処分をすることができる。

所　長　税理士は税務に関する専門家として、独立公正な立場で、納税義務者
の信頼にこたえ、納税義務の適正な実現を図ることを使命としているの
だから[98]、常に相当の注意をもって、真正な事実に基づいて業務を行わ
なければならない。決して安易な気持ちで知識を悪用してはならないの
だよ。

春香・山川　はい！

不法行為の立証責任

所　長　さて、その不法行為責任だが、契約責任とは異なるところがあるか
ら、少し整理しておこう。

　　　　民法709条により、故意または過失によることが、損害賠償責任の要

---

[98]　税理士法第1条参照

件となっているね。ということは、不法行為責任は、これによって損害賠償を請求する者が、相手方の故意または過失によってその損害が生じたことを立証しなければならない。故意または過失とその損害に因果関係があることを、請求する側が立証しなければならないということだ。

　一方、契約責任のほうは、例えばその債務不履行については、その債務の履行を約束しているのだから、その債務不履行の原因は自分にないことを立証しない限り、その責任は免れないこととなる。

　改正民法は、第415条第1項本文で、債務不履行の場合には債権者が損害賠償請求ができることを明らかにした上で、ただし書で、「債務者の責めに帰することができない事由によるものであるときは、この限りではない。」と定めることにより、帰責事由については債務者が不存在を立証すべき旨を明らかにしたんだ。

改正民法第415条第1項
　債務者がその債務の本旨に従った履行をしないとき又は債務の履行が不能であるときは、債権者は、これによって生じた損害の賠償を請求することができる。ただし、その債務の不履行が契約その他の債務の発生原因及び取引上の社会通念に照らして債務者の責めに帰することができない事由によるものであるときは、この限りではない。

（出川・鹿田）

第28話

税理士も知っておくべき
定型約款

春　香　　そりゃあ、そうだわね。

山　川　　春香さん、さっきから、大きくうなずきながら一人で納得してるみた
　　　　　いだけど、なに？

春　香　　あっ、山川さん、私たち税理士の顧問契約は、定型約款にならないん
　　　　　だってことです。

山　川　　テイケイヤッカン？

春　香　　改正された民法には、定型約款について規定が設けられたのですが、
　　　　　何だろうなぁって思って調べてみたんです。

定型約款とは

山　川　　で、一体なんなの、そのテイケイヤッカン。

春　香　　今までから「約款」って、あったじゃないですか。

山　川　　そうだね。僕のゼミの先生は、商法、とりわけ保険法を研究されてい
　　　　　たんだけど、いざ自分が生命保険に入ろうとするとき、あんな細かい字
　　　　　でいっぱい書いてある約款なんて読んだこともない！　っておっしゃっ
　　　　　て、え〜〜って思ったよ。

春　香　　へぇ、保険法の先生でもそうなんですか。約款といえば、保険約款と
　　　　　か運送約款っていうイメージですよね。でも、今回の改正にいう定型約
　　　　　款は、それらの約款とは全くの別物なんです。

　　　　　民法第3編債権第2章契約、第4款契約の解除のあと、第5款に第
　　　　　548条の2から第548条の4まで条文化されました。

> 改正民法第548条の2（定型約款の合意）
> 　定型取引[※1]を行うことの合意（次条において「定型取引合意」という。）をした者は、次に掲げる場合には、定型約款[※2]の個別の条項についても合意をしたものとみなす。（後略）

山 川　「定型取引」というのと「定型約款」というのが出てきてややこしいね。

春 香　そうなんですけど、この2つがキーワードなんです。

（※1）　定型取引
　　ある特定の者が不特定多数の者を相手方として行う取引であって、その内容の全部又は一部が画一的であることがその双方にとって合理的なものをいう。

（※2）　定型約款
　　定型取引において、契約の内容とすることを目的としてその特定の者により準備された条項の総体をいう。

　　　　　定型約款は、定型取引において、というのが前提条件ですから、まずは、ある取引が定型取引に該当するかどうかを検討しなければいけません。

　　　　　定型取引とは、ある特定の者が不特定多数の者を相手方として行う取引であって、とあり、私たち税理士は、特定の顧問先を相手方として個別に契約するわけですから、税理士の顧客契約は定型取引から外れます。

山 川　ほうほう。でも、業務委嘱契約書を作成するとき、税理士会が用意してくれているヒナ型、といっちゃいけないのかな、標準契約書みたいなのを使うけど、あれは定型約款とは違うの？

春 香　そうです。そもそも税理士の顧問契約が定型取引じゃないことはわかっていただけたと思うのですが、世間にもたくさんある、いわゆるヒナ型も定型約款とは違うんです。その理由は、定型取引の定義の後半にありますが、「その内容の全部又は一部が画一的であることがその双方にとって合理的なもの」ということで、ヒナ型は、内容が画一的である

かもしれませんが、双方にとって合理的とは必ずしもいえません。ですから、「特定の者により準備された条項の総体」とはいえないのです。

山　川　なるほどですねぇ。

僕たちはともかく、うちの関与先で定型約款、というか、そもそも定型取引をする先って、あったかなぁ？

春　香　保険代理店とか、旅行代理店とかされている方、おられませんでしたっけ？

山　川　おぉ、増山氏は大手損保会社の代理店だなぁ、法人にしてるけど。大沢くんは、旅行代理店をたたんで、今は、大手旅行会社に勤めるようになったから、関与切れになったし。

春　香　増山氏の場合は、親元の保険会社がフォローしてくれるんでしょうから、私たちがアドバイスすることもないだろうと思いますが……。

山　川　とは思うけど、ちょっとは知っとかないと、それって何？　っていうのもマズイだろうね。

定型約款　そもそも

春　香　法務省民事局からは、重要な実質改正事項について説明資料が出されています。かいつまんでご紹介しますね。

まず、現状分析として現代社会においては、大量の取引を迅速に行うため、詳細で画一的な取引条件等を定めた約款を用いることが必要不可欠だが、民法には約款に関する規定がない、とされています。

山　川　あっ、ほら、約款が出てきたじゃん。でも、民法の中に規定がなかったってか。

春　香　はい、そして問題点が2点ほど指摘されていて、その1つが、約款を用いた取引をする多くの顧客は約款に記載された個別の条項を認識していないのが通常、という点です。

山　川　僕のゼミの先生みたいにね。

春　香　残念ながら、そのようです。２つ目として、契約の内容を事後的に変更するために、約款中に「この約款は当社の都合で変更することがあります。」との条項を設けることが実務的には行われていて、個別に相手方の承諾を得ていないのに、これでいいのか？　という点が指摘されています。契約内容の画一性を維持することができなくなって、取引の安全性が阻害されるのではないか、ということのようです。

山　川　で、約款に関する規定を新設することにしたわけだけど、従来のいわゆる「約款」とは区別したかったんだろうな。

春　香　さすが、山川さん、人生経験長いですね。おっしゃるとおり、従来の様々あった「約款」概念と切り離して、規律の対象を抽出したことを明らかにするために「定型約款」という名称にしたんだそうです。

　　　　該当事例として、鉄道・バスの運送約款、電気・ガスの供給約款、保険約款、インターネットサイトの利用契約等、非該当事例として、一般的な事業者間取引で用いられる一方当事者の準備した契約書のひな型、労働契約のひな形等、が説明資料に記載されています。

山　川　ま、そもそも論はわかったけど、これって、該当する取引業者は、約款の書き換え作業とか、大変じゃないのかな？

定型約款に関する規定の適用に関する「反対の意思表示」について

春　香　定型約款については、施行日（2020年４月１日）前に締結された契約にも改正後の民法が適用される、ということで、定款の書き換え作業というよりも、内容そのもののチェックは重要になると思います。

　　　　それから、定型約款に関する規定の適用については、「反対の意思表示」というのがあり、2018年４月１日から2020年３月31日までに反対の意思表示をすれば、改正後の民法が適用されない（附則第33条第２項・

第3項）ことになります。

　この反対の意思表示についても注意が必要なんです。

　まず、反対の意思表示により、改正後の民法が適用されないこととなった場合、施行日後も改正前の民法が適用されることになります。ただ、何度もいいますが、改正前の民法には約款に関する規定がありませんから、法律関係が不明瞭になるおそれがあります。法務省は、ホームページ上で、「万一、反対の意思表示をするのであれば、十分に慎重な検討を行っていただく必要があります。」と赤字・下線付きで注意喚起しています*99。

　もう一か所、赤字・下線付きで表示されているところがあって、「書面やメール等により行う必要があります。」です。反対の意思表示は、後日紛争となることを防止するため、明瞭に意思表示を行わなければいけません。

山　川　やっぱり、何だか大変そうだね。

春　香　たしかにそうなんですが、私たちも含めて一般の消費者が、一方的に不利な条件を知らないうちに押し付けられることがなくなればいいなぁ、と思います。

山　川　たしかにね。でも、知らないうちに「うん」といわされていることになっている、って場合もあるかもな、僕と所長との関係みたいに。

春　香　えっ、山川さんと所長とは、マンツーマンの関係で、そもそも定型取引じゃないから違うでしょう。

山　川　だから、そうじゃなくて……。まっ、いいよ。

（鹿田）

---

*99　法務省ホームページ（http://www.moj.go.jp/content/001242840.pdf）

■監修者

三木 義一（みき・よしかず）

　中央大学法学部、一橋大学大学院修了後、日本大学、静岡大学、立命館大学を経て、現在、青山学院大学学長

　博士（法学・一橋大学）、弁護士

■著　者（五十音順）

鹿田 良美（しかた・よしみ）

　税理士（近畿税理士会 北支部 所属）

　大阪市生まれ

　昭和58年　立命館大学法学部法学科卒業

　昭和59年　大阪国税局（国税専門官14期）採用

　平成 3 年　大阪国税局課税第一部国税訟務官室を最後に退職

　平成10年　立命館大学大学院法学研究科博士課程前期課程修了

　平成12年　立命館大学大学院経営学研究科博士課程前期課程修了

　平成12年　税理士登録

　平成14年　鹿田良美税理士事務所開設、現在に至る

出川　洋（でがわ・よう）

　税理士（近畿税理士会 葛城支部 所属）

　奈良県生まれ

　昭和59年　立命館大学法学部法学科卒業

　平成15年　立命館大学大学院法学研究科修士課程修了

　平成15年　税理士登録

　平成16年　出川洋税理士事務所開設、現在に至る

丸田 隆英（まるた・たかひで）

　昭和33年　大阪市生まれ

　昭和56年　関西大学法学部卒業

　昭和56年～平成21年

　　　　　　大阪国税局国税訟務官室、同局資産評価官付審査指導担当主査等を経て平成21年 7 月大淀税務署個人課税第一部門統括官を最後に退職

　平成 7 年　不動産鑑定士登録

　平成21年　税理士登録

　　　　　　丸田税理士事務所・不動産鑑定を開業

【新版】税法の中の「民法」を探る 税理士・春香の民法講座

2019年2月20日　発行

監修者　三木　義一

著　者　鹿田良美・出川洋・丸田隆英 ©

発行者　小泉　定裕

発行所　株式会社　清文社
　　　　　　　　　　　東京都千代田区内神田1−6−6　（MIFビル）
　　　　　　　　　　　〒101−0047　電話03(6273)7946　FAX03(3518)0299
　　　　　　　　　　　大阪市北区天神橋2丁目北2−6　（大和南森町ビル）
　　　　　　　　　　　〒530−0041　電話06(6135)4050　FAX06(6135)4059
　　　　　　　　　　　URL http://www.skattsei.co.jp/

印刷：亜細亜印刷㈱

ISBN978-4-433-65028-5